# EMOTIONALE ERPRESSER

*Wie Manipulatoren Angst, Verpflichtung und Schuld einsetzen, um Menschen zu kontrollieren. So entkommen Sie der Beziehungsfalle des verbalen und emotionalen Missbrauchs*

EMORY GREEN

© **Copyright 2020 - Alle Rechte vorbehalten.**

Der in diesem Buch enthaltene Inhalt darf ohne direkte schriftliche Genehmigung des Autors oder Herausgebers nicht reproduziert, vervielfältigt oder übertragen werden.

Unter keinen Umständen wird dem Verlag oder dem Autor die Schuld oder die rechtliche Verantwortung für Schäden, Wiedergutmachung oder finanziellen Verlust aufgrund der in diesem Buch enthaltenen Informationen direkt oder indirekt übertragen.

Rechtliche Hinweise:

Dieses Buch ist urheberrechtlich geschützt und nur für den persönlichen Gebrauch bestimmt. Ohne die Zustimmung des Autors oder Herausgebers können Sie keinen Teil oder Inhalt dieses Buches ändern, verbreiten, verkaufen, verwenden, zitieren oder umschreiben.

Haftungsausschluss:

Bitte beachten Sie, dass die in diesem Dokument enthaltenen Informationen nur zu Bildungs- und Unterhaltungszwecken dienen. Es wurden alle Anstrengungen unternommen, um genaue, aktuelle, zuverlässige und vollständige Informationen zu liefern. Es werden keine Garantien jeglicher Art erklärt oder impliziert.

Die Leser erkennen an, dass der Autor keine rechtlichen, finanziellen, medizinischen oder professionellen Ratschläge erteilt. Der Inhalt dieses Buches stammt aus verschiedenen Quellen. Wenden Sie sich an einen lizenzierten Fachmann, bevor Sie mit den in diesem Buch beschriebenen Techniken beginnen.

Durch das Lesen dieses Dokumentes stimmt der Leser zu, dass der Autor unter keinen Umständen für direkte oder indirekte Verluste verantwortlich ist, die durch die Verwendung der in diesem Dokument enthaltenen Informationen entstehen, einschließlich, aber nicht beschränkt auf Fehler, Auslassungen oder Ungenauigkeiten.

# BONUSHEFT

Mit dem Kauf dieses Buches haben Sie ein kostenloses Bonusheft erworben.

In diesem Bonusheft „Hypnose Schnellstart-Anleitung" erhalten Sie eine Einführung in die Welt der Konversationshypnose. Mit diesen Techniken können Sie andere Menschen während eines normalen Alltagsgespräches unbemerkt hypnotisieren.

**Alle Informationen darüber, wie Sie sich schnell dieses Gratis-Bonusheft sichern können, finden Sie am <u>Ende dieses Buches</u>.**

Beachten Sie, dass dieses Heft nur für eine begrenzte Zeit kostenlos zum Download zur Verfügung steht.

# INHALTSVERZEICHNIS

Einführung .................................................................................. 1

Kapitel 1: Emotionale Erpressung - schwarz auf weiß ................. 7

    Was ist emotionale Erpressung? ............................................... 7
    Erpressung versus emotionale Erpressung ............................... 7
    Taktiken der emotionalen Erpressung ...................................... 9
    Die juristische Definition von emotionaler Erpressung ........... 10
    Warum verhalten sich Menschen so? ...................................... 12
    Zusammenfassung des Kapitels ............................................... 14

Kapitel 2: Die Transaktion zwischen Erpresser und Opfer ......... 17

    Die sechs progressiven Schritte der emotionalen Erpressung .. 18
    Gängige Typen von emotionalen Erpressern und
    ihre Sprache .............................................................................. 20
    Warnzeichen und Charakteristiken eines emotionalen
    Erpressers ................................................................................. 22
    Die Persönlichkeit des Erpressers ............................................ 23
    Die innere Welt emotionaler Erpresser .................................... 24
    Es gehören immer zwei dazu ................................................... 25
    Grundzüge und Gefühlslage der Opfer .................................... 26
    Die Auswirkungen emotionaler Erpressung ............................ 27
    Wie sich die Dynamik ändern lässt .......................................... 27
    Wie man emotionalen Erpressern gegenübertreten sollte ....... 28
    Der Umgang mit schweigender Nötigung ............................... 31
    Zusammenfassung des Kapitels ............................................... 34

Kapitel 3: Die Grundtechniken der Erpressung .......................... 37

    Das FOG-Konzept .................................................................... 37
    Was macht Sie zur Geisel der FOG-Technik des Erpressers? ... 40
    Wie man mit emotionaler Manipulation durch Angehörige
    mit einer BPS umgeht .............................................................. 42
    Die emotionalen Waffen der Erpresser .................................... 44
    Wie man mit emotionaler Erpressung umgeht und aufhört,
    das Opfer zu sein ..................................................................... 48

- Wie man mit Projektionen von Erpressern umgeht ... 50
- Zusammenfassung des Kapitels ... 50

## Kapitel 4: Erpressung in der Familie ... 53

- Warum greifen Eltern auf emotionale Erpressung zurück? ... 55
- Wie wirkt sich emotionale Erpressung auf Ihre Kinder aus? ... 55
- Warum emotionale Erpressung nicht funktioniert ... 56
- Welche Alternativen gibt es zu emotionaler Erpressung? ... 57
- Schwierige versus toxische Eltern ... 57
- Die Gründe für toxisches Verhalten der Eltern ... 58
- Anzeichen und Symptome von toxischen Eltern ... 59
- Wie geht man mit toxischen Eltern um? ... 62
- Zusammenfassung des Kapitels ... 65

## Kapitel 5: Erpressung in der Partnerschaft ... 67

- Scheinbar harmlose Dinge, die eigentlich emotionale Erpressung sind ... 67
- Sechs Warnzeichen der emotionalen Erpressung in einer Partnerschaft ... 71
- Hegen Sie aufrichtige Liebe zu Ihrem Partner? ... 72
- Der Umgang mit emotionaler Erpressung in Beziehungen ... 74
- Wie können Sie nach einer schweren Trennung Ihre Souveränität bewahren? ... 86
- Zusammenfassung des Kapitels ... 88

## Kapitel 6: Co-Abhängigkeit ... 91

- Was ist Co-Abhängigkeit? ... 91
- Typen der Co-Abhängigkeit ... 91
- Merkmale dafür, dass Sie sich in einer co-abhängigen Beziehung befinden ... 92
- Acht Warnzeichen, die anzeigen, dass Sie sich in einer co-abhängigen Beziehung befinden: ... 94
- Co-Abhängigkeitsbeziehungen zu Soziopathen, Psychopathen und Narzissten ... 97
- Wie Co-Abhängigkeit mit Soziopathen, Psychopathen und narzisstischen Persönlichkeiten zusammenhängt ... 101
- Co-Abhängigkeit der Eltern ... 101
- Zusammenfassung des Kapitels ... 105

Kapitel 7: Der richtige Umgang mit emotionaler Erpressung...109
   Erkennen Sie die „Alarmglocken-Situationen"......................109
   Erkennen Sie die typische emotionale Erpressungstaktik....... 110
   Erkennen Sie, ob Sie verletzlich sind ......................................... 110
   Wie sich emotionale Erpressung beenden lässt....................... 111
   Sind Sie selbst der emotionale Erpresser? ................................ 111
   Wie sich emotionale Erpressung besiegen lässt....................... 112
   Wie man die Fähigkeiten der nicht defensiven
   Kommunikation entwickeln kann............................................... 116
   Wie man am Arbeitsplatz für sich selbst einsteht, ohne
   defensiv zu werden ....................................................................... 119
   Wie man mentale Widerstandsfähigkeit entwickelt.................122
   Wie man mentale Stärke erlangt.................................................122
   Der Aufbau von Belastbarkeit und geistiger Robustheit..........123
   Die vier „S" der mentalen Stärke.................................................123
   Strategien zum Aufbau von Widerstandskraft.........................130
   Widerstandsfähige Beziehungen................................................133
   Wie man lebenslang belastbar wird............................................135
   Entwickeln Sie emotionale Grenzen in Beziehungen ..............135
   Emotionale Grenzen und Sackgassen ....................................... 137
   Wie man emotionale Grenzen setzt ...........................................138
   Zusammenfassung des Kapitels .................................................139

Schlusswort............................................................................................ 143

Verweise................................................................................................. 149

Bonusheft............................................................................................... 155

# EINFÜHRUNG

Sind sie noch schwierig, oder sind sie schon toxisch? Ich spreche von Beziehungen zwischen Menschen, die einander nahestehen und sich gerne haben. Ganz gleich, wie innig Beziehungen sein mögen, manche können regelrecht herausfordernd sein. Aber einige haben sich vielleicht sogar zu einer toxischen Beziehung entwickelt, ohne dass Sie sich dessen bewusst sind.

Sie können jedoch feststellen, ob Ihre Beziehungen gesund oder toxisch sind.

Eine gesunde Beziehung erfordert Aufrichtigkeit und Mitgefühl seitens beider Parteien. Sie hilft den beiden Akteuren, sich selbst zu entwickeln und zu selbstbewussten und freundlichen Persönlichkeiten heranzuwachsen. Was ist aber, wenn Sie sich in einer Beziehung erstickt und kontrolliert fühlen? Was ist, wenn Ihre Bedürfnisse in einer Beziehung, auf die Sie sich stützen, keine Rolle spielen? Das Schlimmste dabei ist, dass Sie sich nicht sicher und gestärkt genug fühlen, um Ihre Gefühle zum Ausdruck zu bringen. Dies ist ein wesentlicher Faktor in einer toxischen Beziehung. Eine solche Beziehung kann Ihr Selbstwertgefühl bis auf den Boden niederdrücken.

Es ist jedoch nicht leicht, eine toxische Beziehung zu erkennen. Das gilt umso mehr, wenn Ihnen diese Beziehungen lieb und teuer sind. Sie verlassen sich auf sie für all Ihre emotionale Unterstützung. Sie sind das Rückgrat Ihres emotionalen Wohlbefindens. Dennoch sind sie ungesund geworden.

Es ist nicht leicht, Toxizität in Beziehungen zu erkennen, weil die Menschen um Sie herum, die Sie am meisten lieben, möglicherweise Taktiken anwenden. Taktiken, um Sie auf eine Art und Weise zu manipulieren, die harmlos erscheint, obwohl sie es nicht ist. Möglicherweise setzen sie diese Taktiken ein, um Sie zu manipulieren und um das zu bekommen, was sie wollen. Kurz gesagt, sie können Sie möglicherweise emotional erpressen. Aber warum können Sie nicht leicht erkennen, dass Sie Opfer einer emotionalen Erpressung sind? Ganz einfach deshalb, weil die Erpresser sich verdeckter Techniken bedienen, um Sie zu manipulieren. Es kann sein, dass sie ihre Forderungen vernünftig erscheinen lassen, dass Sie Ihnen Egoismus unterstellen oder dass sie eine Person mit Einfluss einsetzen, um Sie einzuschüchtern.

Letztlich fühlen Sie sich unter Druck gesetzt, nachzugeben. Es wird schwierig für Sie, für sich selbst, für Ihre Bedürfnisse und für Ihre Meinungen einzustehen. Infolgedessen erdulden Sie die toxische Beziehung aus Angst, Ihren geliebten Menschen zu verlieren. Sie, Ihr Verstand, Ihr Intellekt und Ihre Gefühle werden von der Beziehung und dem Erpresser vereinnahmt. Sie fühlen sich frustriert, aber es gibt nichts, was Sie tun können.

Nun, das ist es, was Sie zunächst einmal denken und fühlen. Aber es gibt immer einen Hoffnungsschimmer im Dunkel jeder Höhle.

Ihr Hoffnungsschimmer ist genau hier. Er liegt in dem Geheimnis, das ich in diesem Buch offenbaren werde. Ein Geheimnis, das Ihnen helfen wird, zu verstehen.

Verstehen Sie, was emotionale Erpressung ist, wie die Denkweise dieser Erpresser ist, was sie zu emotionaler Erpressung treibt, warum sie sich so verhalten, wie sie es tun und was die Persönlichkeit dieser erpresserischen Blutsauger prägt. Wenn Sie dies erkennen, garantiere ich Ihnen, dass Sie sich leicht davor schützen können, emotional manipuliert zu werden.

Wenn Sie außerdem einen Einblick in die verdeckten Techniken dieser Erpresser erhalten, können Sie die Handschrift der emotionalen Erpressung leicht identifizieren: Wie die Erpresser Worte und Phrasen verwenden, die Ihren Verstand benebeln und wie sie Sie dazu zwingen, zu denken, dass sie im Recht sind und Sie im Unrecht. Sie werden die Methoden erkennen, mit denen die erpresserischen Blutsauger Sie ausnutzen, um das zu bekommen, was sie wollen.

Schließlich gebe ich Ihnen einfache und praktische Schritte mit auf den Weg, damit Sie diese Dynamik ändern und sich aus den Fängen der emotionalen Erpressung befreien können. Die Befolgung dieser Tipps wird Ihnen helfen, die emotionale Erpressung zu besiegen und Ihre verlorene Macht von denjenigen Individuen zurückzugewinnen, die Sie manipulieren.

Wie kann ich Ihnen dieses Geheimnis wohl offenbaren? Bin ich ein Beziehungsguru?

Nun, schreiben Sie es meiner Erfahrung, Beobachtung und Untersuchung zu, mit denen ich die Tiefen der dunklen Psyche, der verdeckten Einflussnahme, der emotionalen Manipulation und der Erpressung erforscht habe. Ich habe die Motivations-, Überzeugungs-, Manipulations- und Nötigungstaktiken erforscht, die Menschen anwenden, um zu erreichen, was sie möchten.

Meine eigene Erfahrung hat mich dazu veranlasst. In meinen jungen Jahren war ich das Opfer der schlimmsten Form emotionaler Manipulation. Ich habe emotionalen Missbrauch in einer sehr intensiven Form erlebt. Das hat mich jahrelang mit Schuldgefühlen versklavt. Mein Herz klopfte unter dem Stigma, emotionale Manipulation vor meinen Augen zu erleben und dennoch darüber zu schweigen.

Dennoch bekam ich die Gelegenheit, nachzuforschen, zu sehen und zu verstehen, was die emotionale Erpressung so mächtig macht. Was ist es, das ihr den Status der kniffligsten und am weitesten verbreiteten Form der Manipulation verleiht, die es zu kennen und zu verstehen gilt, insbesondere in unseren engen Beziehungen?

Ich habe auch die mächtigen Werkzeuge, die Taktiken, die subtilen Techniken kennengelernt, mit denen die Erpresser unsere

Emotionen beherrschen. Wie sie unsere Schwäche gegen uns einsetzen, um uns zu manipulieren und das zu bekommen, was sie wollen.

In diesem Buch werde ich alles aufdecken, was ich gelernt habe. Wenn Sie sich in einer ähnlichen Zwangslage befinden, möchte ich nicht, dass Sie noch einen Tag länger ein Opfer bleiben.

Haben Sie das Gefühl, dass Sie innerlich zerrissen werden und dass dies von der Person verursacht wird, die Sie am meisten lieben? Finden Sie, dass andere die Kontrolle über Ihre Emotionen an sich reißen? Dann werden Sie definitiv zur Zielscheibe aller Arten von Manipulations- und Einschüchterungstaktiken, die Menschen anwenden, um Sie auszunutzen. Aber jetzt nicht mehr!

Die Lektüre dieses Buches wird Sie nicht nur auf solche Manipulationstaktiken aufmerksam machen, sondern Ihnen auch eine Waffe in die Hände geben. Ein Schwert, eine mächtige Waffe, die Sie einsetzen können, um sich vor der emotionalen Unerbittlichkeit solcher Menschen zu schützen.

Was ich auf diesen Seiten enthüllen werde, wird Ihnen helfen, Ihre Grenzen zu setzen. Es wird Ihnen geistige Widerstandskraft verleihen, damit Sie sich nicht länger ausnutzen lassen. Sie werden sich nicht nur stark fühlen, sondern auch geistig und emotional darauf vorbereitet sein, mit solchen Blutsaugern umzugehen und ein friedliches Leben zu führen.

Das Verstehen der Tricks der Erpresser wird Ihnen auch bei einer gewissen Selbstkontrolle helfen. Damit meine ich, dass Sie in der Lage sein werden, Ihre eigenen Taktiken in verschiedenen Lebensbereichen - Arbeit, Familie, romantische Beziehungen und Freundschaften - zu beurteilen. Sie können der Versuchung ausweichen, selbst ein Erpresser zu sein.

Verstehen Sie mich nicht falsch, wenn ich das sage. Aber es ist extrem leicht, diesen Verhaltensweisen zum Opfer zu fallen, dass wir sie sogar selbst unwissentlich anwenden. Möglicherweise sind wir nicht nur auf der Opferseite solcher Methoden, sondern können auch gleichwohl selbst zum Täter werden.

Deshalb habe ich begonnen, jene Methoden aufzuspüren, die uns oder andere vom „Menschsein" in ein „Dasein als erpressender Blutsauger" versetzen. Meine Absicht bei der Abfassung dieses Buches war (und ist es immer noch), so viele Menschen wie möglich aus dem Griff der emotionalen Erpressung zu befreien und ihnen zu einem glücklichen Leben zu verhelfen.

Und ich erlebe die Verwirklichung dieser Absicht jeden einzelnen Tag, wenn ich stolz Hunderten von Menschen die Freiheit bringe, indem ich diese Tricks enthülle.

Stellen Sie sich das vor! Stellen Sie sich Ihr Leben ohne den emotionalen Erpresser vor. Keine Schuld, keine Scham, keine Angst und keine Zweifel. Kein Schmerz und keine Entschuldigung mehr für Dinge, die Sie nicht getan haben. Allein die Vorstellung fühlt sich großartig an! Ist es nicht so?

Setzen Sie nun diese Vorstellung in die Realität um, indem Sie die Seiten dieses Buches durchblättern, das Sie von A bis Z über emotionale Erpressung unterrichtet. Es wird allen Dunst und Nebel aus Ihrem Geist entfernen und die Wahrheit über Ihre Beziehungen enthüllen. Sie werden in der Lage sein, Ihre Lieben klar zu sehen - nicht nur wer sie sind, sondern auch wie sie hinsichtlich ihrer Absichten sind.

Und wenn Sie die Wahrheit sehen, macht Sie das frei. Frei von den Schuldgefühlen, der Scham und den Verpflichtungen, die Sie schon lange mit sich herumtragen.

Sind Sie also bereit, die Wahrheit über Ihre Beziehung zu erfahren?

Bevor Sie weitermachen, beantworten Sie diese Frage: Ist Ihre Beziehung einfach nur schwierig oder ist sie toxisch? Je früher Sie antworten, desto besser. Andernfalls könnte es zu spät sein, um eine Beziehung zu reparieren, die sich zu etwas Gutem entwickeln könnte, oder zu spät, um vor einer Beziehung in Gefangenschaft zu fliehen. Die Entscheidung liegt bei Ihnen, ob Sie Ihr Leben lang an einer dunklen Bindung festhalten wollen oder ob Sie die Lektionen, die ich in diesem Buch vermittle, nutzen wollen, um gesunde Beziehungen aufzubauen.

Wenn Sie sich für die zweite Möglichkeit entscheiden, werden Sie das wahre Glück und die Freiheit kennenlernen, die Sie erwarten.

# KAPITEL 1:

# Emotionale Erpressung - schwarz auf weiß

## Was ist emotionale Erpressung?

Per Definition ist die emotionale Erpressung ein Akt der Kontrolle über die Person, zu welcher Sie eine emotionale Bindung pflegen. Diese Kontrolle erfolgt durch die Anwendung von Strategien, durch die sich die Person schuldig oder aufgebracht fühlt. Einfach ausgedrückt: Wenn eine Person Ihre Gefühle (auf negative Weise oder gegen Sie) benutzt, um Ihr Verhalten zu kontrollieren oder zu erhalten, was sie will, spricht man von emotionaler Erpressung. Sie können von Ihrem Ehepartner, Ihren Eltern, Kindern, Geschwistern, Freunden, Kollegen oder sonst jemandem, der Ihnen nahe steht, emotional erpresst werden, ohne zu merken, dass Sie manipuliert werden.

Aber warum verwende ich den Begriff „emotionale Erpressung" und nicht einfach „Erpressung"? Das liegt daran, dass begriffliche Unterschiede vorliegen.

## Erpressung versus emotionale Erpressung

Was fällt Ihnen ein, wenn Sie an Erpressung denken?

Wahrscheinlich denken Sie an einen Film, in dem der Schurke den Helden erpresst oder an einen Angestellten, der seinen Chef zwecks Erlangung von Dingen zu seinen Gunsten nötigt.

ODER

Vielleicht beobachten Sie einige Beispiele von Erpressung in Ihrer täglichen Routine. Ein Schulkind droht seinem Mitschüler, dass er zuschlagen wird, wenn sich der Mitschüler über ihn beschwert. Ein Kollege kennt einige private Details seines Kollegen und droht damit, diese gegen eine geringe Gebühr an andere preiszugeben.

Zusammenfassend lässt sich sagen, dass Erpressung in der Regel mit krimineller Aktivität verbunden ist oder darauf abzielt, jemanden mit Gewalt dazu zu bringen, dem Erpresser etwas zu geben oder seinen Anweisungen zu folgen. Im Gegenzug dafür werden die Informationen, die für das Opfer schädlich oder bloßstellend sein könnten, nicht preisgegeben.

Ja, Sie verstehen die Idee der Erpressung, aber was ist mit dem Konzept der emotionalen Erpressung? Verstehen Sie es genauso gut wie dasjenige der Erpressung? Sind Sie in der Lage, zu erkennen, wann es bei Ihnen selbst geschieht?

Ich frage das, weil es wichtig ist, die Bedeutung der emotionalen Erpressung zu erfassen, ihre Bedeutung in zwischenmenschlichen Beziehungen und in der Gesellschaft zu verstehen. Das Verstehen der Methode ist auch der erste Schritt zur Beseitigung ihrer Wirksamkeit, ihrer Macht über Sie.

Wie zuvor definiert, setzt ein emotionaler Erpresser Ihre Gefühle gegen Sie ein, um Ihr Verhalten so zu steuern, wie er es will oder um das von ihm angestrebte Ziel zu erreichen. Die Bedrohung ist hier also nicht greifbar. Bei der emotionalen Erpressung werden Ihre Gefühle gegen Sie eingesetzt.

Lassen Sie uns das anhand einiger Beispiele verdeutlichen.

Der Ehemann wird dabei erwischt, wie er seine Frau betrügt und doch verdreht er die Umstände so, dass sich seine Frau schuldig und unzulänglich fühlt. Er missbraucht das Drama, um sie emotional zu erpressen und es tut ihr leid, dass sie an ihrem Mann gezweifelt hat.

Diese Situation ist in der Unternehmenswelt weit verbreitet. Wenn eine Person auf der Erfolgsleiter höher klettert als die anderen, wird sie, selbst bei legitimem Verdienst, emotional erpresst, weil sie so viel erreicht hat. Das kann dieser Person die Freude, den Stolz und das Selbstwertgefühl rauben.

Eine Person nimmt an einem Fitnessprogramm teil und erzielt mit ihren Fitnesszielen große Erfolge. Deren Partner kann die Person emotional erpressen und ihr ein schlechtes Gewissen einreden, weil sie keine Zeit mit ihm verbringt.

## Taktiken der emotionalen Erpressung

Ein emotionaler Erpresser benutzt drei wesentliche Emotionen gegen Sie - Angst, Pflicht- und Schuldgefühle, die von Susan Forward, einer der führenden Psychotherapeutinnen der Vereinigten Staaten, zu einem Akronym - FOG (Fear, Obligation and Guilt) - zusammengefasst wurden. Damit ein Erpresser erfolgreich sein kann, muss er oder sie über Ihre Ängste Bescheid wissen, das heißt über die tief verwurzelten Ängste, wie die Angst vor Isolation, vor Demütigung oder vor dem Versagen. Das Interessanteste daran ist, dass diese Ängste für Sie einzigartig sein könnten. Niemand außer Ihnen nimmt sie als eine Bedrohung durch den Erpresser wahr. Das gibt dem Erpresser die Chance, Ihnen zu drohen, Sie zu isolieren, Sie vor anderen lächerlich zu machen oder Ihr früheres Versagen aufzudecken, sollten Sie seinen Wünschen nicht nachgeben.

Der Appell zur Pflichterfüllung ist eine weitere beliebte Taktik, die vor allem von Personen mit Suchterkrankungen angewendet wird. Sie rechtfertigen ihre Sucht, indem sie anderen die Schuld geben. Anstatt die Verantwortung für ihr Fehlverhalten zu übernehmen, projizieren sie sie auf andere. Zum Beispiel kann ein Gewohnheitstrinker seine Frau bedrohen, indem er sagt: „Wenn du mich aus dem Haus wirfst, bin ich gezwungen, mehr zu trinken." Die unschuldige Ehefrau glaubt und hofft, dass ihr Mann mit dem

Trinken aufhört, wenn sie ihm gehorcht, aber es ist nur eine Falle, in die sie tappt.

Schuldgefühle werden von den Erpressern dazu benutzt, ihrem Opfer ein schlechtes Gewissen einzureden, weil sich negative Konsequenzen für den Erpresser ergeben. Das Gesamtergebnis ist vielleicht nicht einmal so negativ, wird aber vom Erpresser so dargestellt, dass das Opfer Schmerz und Schuld empfindet.

Die Idee, die hinter der Verwendung dieser drei Emotionen zur Kontrolle einer Person steht, ist, dass es sich um negative Emotionen handelt und niemand solche Gefühle in seinem Leben erfahren will. Folglich wird den Forderungen des Erpressers nachgegeben, um diese negativen Gefühle nicht erfahren zu müssen.

## Die juristische Definition von emotionaler Erpressung

Emotionale Erpressung ist eine Form des emotionalen Missbrauchs, die auch unter juristischen Gesichtspunkten als unrechtmäßig betrachtet wird. Der Erpresser kann:

- Ihnen mit Gefahr an Leib und Leben drohen.
- Ihnen mit Selbstmord drohen, sollten Sie seinen Wünschen nicht nachkommen.
- Sie durch finanzielle Mittel unter Druck setzen.
- Ihnen drohen, die Beziehung zu beenden.
- Sie in solch einer Weise manipulieren, dass Sie ihm gegenüber Mitgefühl empfinden.
- Ihnen ein schlechtes Gewissen einreden.
- Sie moralisch zermürben.
- Ihnen Schmerz zufügen oder Sie auf eine andere Weise leiden lassen.
- Ihnen Liebe, Fürsorge und Zuneigung entziehen.
- Ihnen das Gefühl geben, egoistisch oder rücksichtslos zu sein.

Sehr taktvoll und geschickt lässt Sie der Erpresser an seine Forderungen glauben. Je mehr Sie jedoch nachgeben, desto mehr verschärfen sich die Drohungen. Der einzige Ausweg besteht darin, zu erkennen, dass Sie emotional erpresst werden. Das wird leichter, wenn Sie die gängigen Aussagen kennen, mit denen Sie von den emotionalen Nutzern manipuliert oder bedroht werden. Einige Beispiele solcher Aussagen sind:

- Falls ich dich je mit diesem Mann sehe, werde ich ihn töten.
- Wenn du aufhörst, mich zu lieben, werde ich mir das Leben nehmen.
- Meine Familie und Freunde sagen auch, dass du dich unangemessen verhältst.
- Ich werde diesen Urlaub antreten - mit dir oder ohne dich.
- Du kannst mir nicht sagen, dass du mich liebst und dann gleichzeitig mit diesen Leuten befreundet sein.
- Du hinderst mich daran, Geld für mich selbst auszugeben.
- Ich bin wegen dir zu spät zur Arbeit gekommen. Es ist deine Schuld.
- Ich wäre nicht übergewichtig, wenn du gesund für mich kochen würdest.
- Es ist deine Schuld, dass ich in meiner Karriere nicht vorankomme.
- Ich werde im Krankenhaus/auf der Straße enden, wenn du nicht für mich sorgst.
- Wenn du es nicht machst, siehst du deine Kinder nicht mehr.
- Ich werde dir das Leben zur Hölle machen.
- Ich werde deine Familie zerstören.
- Du bist nicht mehr mein Sohn/meine Tochter.
- Das wird dir noch leidtun.
- Ich werde dich enterben.
- Ich werde krank, wenn du mich nicht liebst.
- Wenn du mir das nicht kaufen kannst, bist du als Mutter/Vater/Liebhaber/Ehemann wertlos.

Inzwischen sollten Sie verstanden haben, was emotionale Erpressung ist. Es ist aber auch wichtig, die Denkweise zu verstehen, die Menschen dazu treibt, solche Strategien anzuwenden.

## Warum verhalten sich Menschen so?

Menschen greifen oft zu emotionaler Erpressung, weil sie dadurch die Kontrolle über die Gedanken und Gefühle anderer Menschen gewinnen. Sie wissen nicht, wie sie sie anders erlangen können und greifen auf emotionale Manipulation zurück. Emotionale Erpresser sind sehr gut darin, ihren Opfern das Gefühl der Ohnmacht und Verwirrung zu geben. Sie glauben fälschlicherweise, dass sie sich selbst mächtig und gut fühlen, wenn sie anderen das Gefühl geben, hilflos und verletzlich zu sein. Mit anderen Worten: Die emotionale Erpressung ist ihre Art, mit ihren emotionalen Unsicherheiten umzugehen. Unsicherheiten, die aus einer Kindheit stammen könnten, in der emotionaler Missbrauch ausgeübt wurde.

Wenn man sich die Biographien dieser Personen ansieht, findet man sie oft auf der Opferseite von emotionaler Manipulation als Kind. Das macht es für solche Menschen sehr schwer, zu verstehen, was normal ist und was nicht. Sie können nicht nachvollziehen, was eine gesunde Beziehung ausmacht und wie sie selbst eine solche aufbauen können. Sie sind durch die Beobachtung der emotionalen Erpressung der Eltern auf den Geschmack gekommen und sind der Meinung, dass dies der richtige Weg sei, die Dinge zu erledigen. Sie finden ein Hilfsmittel für ihre Unsicherheiten, indem sie den Zyklus selbst wiederholen.

Emotionale Erpresser haben einige gemeinsame Persönlichkeitsmerkmale:

### 1. Ein Mangel an Mitgefühl

Normalerweise fällt es uns nicht allzu schwer, uns in die Lage eines anderen Menschen zu versetzen und seine Agonie, seinen

Schmerz zu spüren und uns in ihn hineinzufühlen. Bei emotionalen Erpressern ist dem aber nicht so. Sie können kein wirkliches Mitgefühl für andere empfinden. Entweder können sie sich nicht in die Situation des anderen versetzen oder selbst wenn sie dazu in der Lage sind, dann nur aus einer Position des Misstrauens. Sie glauben, dass ihnen die andere Person schaden wird und es deshalb gerechtfertigt ist, diese zu manipulieren.

## 2. Ein geringes Selbstwertgefühl

Geringes Selbstwertgefühl? Bei emotionalen Erpressern? Ist das Ihr Ernst?

Emotionale Erpresser sind dazu fähig, andere durch emotionale Manipulation ihres Selbstwertgefühles zu berauben. Wie können sie also selbst ein geringes Selbstwertgefühl haben?

Ich weiß, es klingt ein bisschen seltsam, aber es entspricht den Tatsachen. Wie bereits erwähnt, sind emotionale Erpresser seelisch oft unsicher und haben ein niedriges Selbstwertgefühl. Anstatt Wege zu finden, ihr Selbstwertgefühl zu stärken, glauben sie, das Selbstwertgefühl anderer degradieren zu müssen, um sich gut zu fühlen. Ein geringes Selbstwertgefühl bedeutet auch, dass solche Menschen Schwierigkeiten haben, enge Beziehungen aufzubauen. Sie haben vielleicht nur eine einzige enge Beziehung und erwarten von dieser all die Dinge, die sie anderswo vermissen. Sie sind also auf diese einzige Beziehung angewiesen und wenn sie das Gefühl haben, dass sie sie verlieren werden, greifen sie zu intensiverer emotionaler Erpressung.

## 3. Die Tendenz, anderen die Schuld zuzuweisen

Emotionale Erpresser übernehmen niemals die Verantwortung für die Probleme in ihrer Beziehung oder für einen Misserfolg in ihrer Karriere. Sie machen immer andere für ihren Kummer und ihr Leid verantwortlich. Mit einer solchen Logik fühlen sie sich darin gerechtfertigt, andere zu bedrohen, damit sie bekommen, was sie wollen.

## Zusammenfassung des Kapitels

1. Emotionale Erpressung ist eine Form des Missbrauches, in welcher der Erpresser versucht, die Kontrolle über die Gefühle und Verhaltensweisen der anderen Person zu gewinnen.
2. Der Erpresser bedient sich der Angst, Pflicht- und Schuldgefühle, um sein Opfer zu manipulieren.
3. Diesen Menschen mangelt es an Selbstwertgefühl und Empathie und sie beschuldigen andere für ihre schlechten Beziehungen.

Um herauszufinden, ob Sie in Ihrer Beziehung von solchen Tendenzen betroffen sind, sollten Sie sich die folgenden Fragen stellen:

- Sagt oder tut mein Partner Dinge, die dazu führen, dass ich mich wegen Handlungen, die nicht falsch sind, schuldig fühle?
- Weist mein Partner auf negative Dinge im Zusammenhang mit meinem Erfolg hin?
- Sucht mein Partner nach Wegen, um meine Stimmung zu drücken?
- Verursacht mein Partner häufig Angst, Pflicht- oder Schuldgefühle bei mir?

Falls Sie diese Fragen mit „Ja" beantwortet haben, werden Sie definitiv emotional erpresst.

Im nächsten Kapitel werden Sie mehr über die folgenden Punkte erfahren:

- Sechs progressive Schritte der emotionalen Erpressung
- Klassische Typen von emotionalen Erpressern

- Warnzeichen und Charakteristiken emotionaler Erpresser
- Die Persönlichkeitsmerkmale von emotionalen Erpressern
- Wesentliche Hauptzüge und Gefühle der Opfer
- Wie Sie die Dynamik in der Transaktion zwischen Erpresser und Opfer ändern können

KAPITEL 2:

## Die Transaktion zwischen Erpresser und Opfer

Fühlen Sie sich mit dem bisher gewonnenen Wissen gestärkt? Nun, das sollte so sein, denn jetzt ist es für Sie leichter, die Fälle emotionaler Erpressung in Ihrem Leben zu identifizieren. Es gibt jedoch ein weit verbreitetes Missverständnis, was diese Situation betrifft. Viele neigen dazu, jede Person, die versucht, sie zu kontrollieren, als emotionalen Erpresser zu bezeichnen. Aber der gesunde Menschenverstand sagt uns, dass das nicht stimmen kann.

Wenn die Person von Ihnen geliebt, geschätzt, unterstützt oder gewürdigt werden möchte, kann es sein, dass sie kontrollierende Verhaltensweisen entwickelt. Und diese Wünsche sind absolut legitim. Beachten Sie auch, dass in jeder Beziehung Anforderungen an Sie gestellt werden, wenn auch nicht ständig, so doch zumindest manchmal.

Und es kommt sehr häufig vor, dass man zunächst mit den Forderungen eines anderen nicht einverstanden ist und dann zu einer gegenseitigen Übereinkunft kommt oder den Wünschen des anderen nachkommt, auch wenn man das nicht möchte. Aber vielleicht tut man es aus Liebe zu der Beziehung und der anderen Person.

Das Problem liegt nicht in den „Wünschen" des Erpressers, sondern darin, wie er vorgeht, um das zu bekommen, was er will. Droht er Ihnen oder wird er dabei unsensibel gegenüber Ihren Bedürfnissen? Dann können Sie mit Recht sagen, dass es sich um eine emotionale Erpressung handelt, andernfalls nicht.

Verdeutlichen wir das an einem Beispiel:

Ahana will ein iPhone von ihrer Mutter, aber die Mutter weigert sich. Nun könnte Ahana versuchen, es über zwei Wege zu bekommen. Sie kann ihre Mutter überreden, indem sie sagt: „Aber Saras Mutter hat ihr ein iPhone gekauft." Dies ist eindeutig keine emotionale Erpressung. Aber wenn sie zu einem Messer greift und droht, sich umzubringen, wenn ihre Mutter ihr kein iPhone kauft, dann sind wir an einem ganz anderen Punkt angelangt und es handelt sich zweifellos um eine emotionale Erpressung. Das Problem hier ist also nicht das iPhone, sondern die Methode, mit der versucht wird, es zu erhalten. Das ist es, was uns hilft, zu analysieren, ob es sich um eine emotionale Erpressung handelt oder nicht.

Wenn es zudem immer wieder vorkommt, dass jemand den Forderungen des anderen nachgibt, dann hat sich die Situation zu einer emotionalen Erpressung zugespitzt.

Eine emotionale Erpressung ist manchmal eine Transaktion, wenn auch vielleicht eine unbewusste, zwischen dem Erpresser und dem Opfer. Der Erpresser ist der „Kontrolleur", der unter einem dysfunktionalen psychischen Zustand leidet und versucht, die Emotionen einer anderen Person zu kontrollieren. Das Opfer ist der „Kontrollierte", der eine beschwichtigende Reaktion auf diesen psychologischen Zustand erzeugt. Diese Transaktion besteht aus sechs Teilen, die nachfolgend näher erläutert werden.

## Die sechs progressiven Schritte der emotionalen Erpressung

Susan Forward und Donna Frazier identifizierten folgende sechs Phasen der emotionalen Erpressung:

### Schritt eins: Forderung

Der Erpresser teilt dem Opfer (in diesem Fall Ihnen) seine Forderung mit und gibt dieser mit einer Drohung Nachdruck: „Wenn du nicht X tust, nehme ich mir das Leben."

### Schritt zwei: Widerstand

Selbstverständlich werden Sie sich mit großer Wahrscheinlichkeit weigern, sich den Forderungen des Erpressers zu unterwerfen. Daher leisten Sie der Bitte zunächst Widerstand.

### Schritt drei: Druck

Der Erpresser akzeptiert kein Nein als Antwort. Infolgedessen beginnt er, Druck auf Sie auszuüben. Dabei ist er Ihrer Gefühlslage gegenüber gleichgültig. Es geht ihm nur darum, was er will und er versucht, es unbedingt zu erlangen. Folglich versucht er absichtlich, Ihnen Angst und Verwirrung zu bereiten, indem er eine seiner verdeckten Strategien anwendet. Sie beginnen, sich zu fragen, ob Ihr anfänglicher Widerstand vernünftig war. Das ist der Punkt, an dem Sie schwach werden und der Erpresser sich an diese Schwäche klammert.

### Schritt vier: Drohungen

Die Drohung begründet die eigentliche emotionale Erpressung mit einer Aussage, wie: „Wenn du nicht tust, was ich dir sage, werde ich [...]."

### Schritt fünf: Unterwerfung

Sie geben der Drohung nach, obwohl Sie nicht glücklich darüber sind.

### Schritt sechs: Wiederholung

Die emotionale Erpressung ist vorbei, aber nur vorübergehend. Erwarten Sie beim nächsten Mal eine größere Forderung mit einer noch größeren Bedrohung. Das liegt daran, dass der Erpresser Ihre Schwachstelle erkannt hat und weiß, dass er sie gegen Sie verwenden kann, um zu bekommen, was er will.

Das bekannteste Beispiel, das diese Schritte der emotionalen Erpressung verdeutlicht, könnte sogar Ihr Kind sein. Wie oft wird eine unangemessene Forderung von Ihrem Sohn/Ihrer Tochter gestellt? Ich bin sicher, dass es unzählige Male der Fall ist. Sie wehren sich anfangs, schimpfen vielleicht sogar mit Ihrem Kind, geben aber letztlich nach, weil Ihr Kind Sie mit den Worten drangsaliert: „Mama/Papa, du liebst mich nicht. Sonst hättest du mir das hier gekauft."

Ergebnis: Sie schmelzen wie Butter und erfüllen die Forderungen, ohne zu zögern.

Können Sie sehen, was Ihr Kind hier geleistet hat? Es hat gespürt, dass Sie seinen Befehlen durch wiederholte Drohungen mit solchen Aussagen gehorchen und ihm das geben, was es will. Kurz gesagt, es entwickelt einen einfachen Weg, Sie emotional zu manipulieren und seinen Kopf durchzusetzen.

## Gängige Typen von emotionalen Erpressern und ihre Sprache

Wir können emotionale Erpresser in folgende vier verschiedene Typen klassifizieren:

### 1. Der Bestrafer

Der Bestrafer droht dem Menschen, den er erpresst, unmittelbare Bestrafung an. Seine Strategie gründet auf der Angst vor Bestrafung, die bei Nichterfüllung seiner Forderungen geltend gemacht wird. Die Strafe kann körperlicher, finanzieller oder emotionaler Natur sein - so kann er Ihnen zum Beispiel verbieten, Ihre Freunde zu treffen, Ihnen seine Zuneigung entziehen oder die Beziehung zu Ihnen beenden, wenn Sie ihm nicht gehorchen.

Zum Beispiel: „Tu, was ich sage, sonst werde ich dich schlagen."

## 2. Der Selbstbestrafer

Selbstbestrafer drohen damit, sich selbst etwas anzutun, schieben die Schuld aber auf Sie. Sie ziehen Sie zur Verantwortung für das, was Sie sich selbst antun. Damit bezwecken Sie, Angst und Schuldgefühle in Ihnen hervorzurufen und zwingen Sie dadurch, Ihren Wünschen nachzukommen.

Zum Beispiel: „Wenn du mir dieses Geschenk nicht kaufst, begehe ich Selbstmord."

## 3. Der Leidende

Leidende werden Sie nicht direkt bedrohen, zeigen aber, dass sie wegen Ihnen aufgebracht oder traurig sind. Sie geben Ihnen die Schuld für ihre Gefühlslage und erwarten von Ihnen, dass Sie ihren Erwartungen gerecht werden, damit sie sich wieder besser fühlen. Leidende bedienen sich der Taktik der Angst, Pflicht- und Schuldgefühle, um Sie zu manipulieren.

Zum Beispiel, wenn ein Mann zu seiner Ehefrau sagt: „Natürlich kannst du mit deinen Freundinnen ausgehen, aber ich werde mich einsam und traurig fühlen."

## 4. Der Verführer

Auch der Verführer wird Sie nicht direkt bedrohen, er lockt Sie aber mit Versprechen auf Besseres, wenn Sie das tun, was er von Ihnen verlangt.

Zum Beispiel, wenn Ihr Ehepartner sagt: „Ich kaufe dir die Halskette, wenn du das Wochenende mit mir zu Hause verbringst." Dieses Versprechen wird aber selten eingehalten.

## Warnzeichen und Charakteristiken eines emotionalen Erpressers

Nachfolgend sind die Warnzeichen emotionaler Erpressung in einer Beziehung aufgelistet:

- Sie entschuldigen sich regelmäßig für Dinge, die Sie nicht tun oder für die Sie nicht verantwortlich sind, so zum Beispiel die negative emotionale Verfassung oder Wutausbrüche der anderen Person.
- Ihr Partner besteht darauf, dass sein Ansatz der einzig richtige ist, selbst auf Kosten der Bedürfnisse und Gefühle anderer Menschen.
- Es scheint, dass Sie die einzige Partei sind, die sich kompromissbereit zeigt und Opfer erbringt.
- Sie fühlen sich genötigt. Sie fühlen sich eingeschüchtert und gezwungen, den Forderungen der anderen Person zu gehorchen.

Wie bereits erwähnt, ist die emotionale Erpressung ein Teufelskreis und als Opfer neigen Sie vielleicht dazu, sich zu entschuldigen, zu flehen, zu weinen und den Forderungen anderer nachzugeben. Aber Sie finden es schwierig, für Ihre Bedürfnisse einzustehen, das Problem direkt anzusprechen oder mit dem Erpresser über seine unangemessene Haltung zu sprechen. Sie sind nicht in der Lage, klare Grenzen zu setzen, damit andere wissen, was für Sie akzeptabel ist und was nicht.

All dies geschieht, weil Sie sich der Eigenschaften von emotionalen Erpressern nicht bewusst sind. Solange Sie das nicht wissen, können Sie nicht erkennen, ob die andere Person Sie manipuliert oder nicht.

Jede Person, die emotionale Erpressung betreibt, zeigt die folgenden Merkmale:

- Beharrt darauf, dass es unvernünftig oder verrückt von Ihnen ist, ihre Forderungen zu hinterfragen

- Versucht, zu kontrollieren, was Sie tun
- Ignoriert Ihre Bedenken
- Weigert sich, die Verantwortung für ihre Handlungen zu ergreifen
- Gibt immer anderen die Schuld für das eigene Verhalten
- Gibt leere Entschuldigungen
- Nutzt Angst, Pflichtgefühle, Drohungen und Ihr Gewissen, um sich durchzusetzen
- Ist nicht kompromissbereit
- Rechtfertigt ihre unverhältnismäßigen Verhaltensweisen und Forderungen
- Drangsaliert Sie so lange, bis Sie seinen Wünschen nachgeben
- Beschuldigt Sie unrechtmäßig einer Sache, um Ihr Mitgefühl zu gewinnen
- Droht damit, Ihnen oder sich selbst etwas anzutun

## Die Persönlichkeit des Erpressers

Es gibt keinen exakten Prototypen des emotionalen Erpressers, dennoch weisen sie bestimmte gemeinsame Merkmale auf.

Solche Menschen haben oft narzisstische Veranlagungen oder ein überhöhtes Gefühl der Selbstgefälligkeit. Sie halten sich in allem für die Besten und geben damit an. Alles in ihrem Leben dreht sich um sie selbst und wenn diese Tendenz gefährdet ist, neigen sie zu extremer Wut, Frustration, Panik oder Depression. Erpresser zeigen oft emotionale Unreife, sie sind nicht mit ihren Gefühlen im Einklang oder wissen nicht, wie sie sich genau fühlen. Wahrscheinlich handelt es sich dabei um Menschen, die schon in jungen Jahren selbst von emotionaler Erpressung betroffen waren und festgestellt haben, dass es sich dabei um eine wirksame Taktik handelt.

Erpresser neigen dazu, die Anerkennung anderer zu wollen, was oft auf ein geringes Selbstwertgefühl zurückzuführen ist. Sie machen aus jedem kleinen Problem eine Szene. Obwohl sie anderen gegenüber sehr kritisch sind, können sie Ratschläge oder Kritik in der Regel nicht annehmen.

Einige dieser Züge sind leicht erkennbar, während andere, wie emotionale Unsicherheit, Angst und Schmerz, tief in ihrer Psyche verwurzelt sein können.

## Die innere Welt emotionaler Erpresser

Emotionale Erpresser sind im wahrsten Sinne des Wortes Feiglinge. Sie hassen es, zu verlieren und können mit Frustration nicht umgehen. Ihre Frustration ist mit tief verwurzelten Ängsten vor Verlust und Entbehrung verbunden und sie erleben sie als Mahnung, unverzüglich Maßnahmen einzuleiten, um untragbare Folgen zu vermeiden.

Solche Menschen glauben, dass sie die Frustrationen der Vergangenheit ausgleichen können, indem sie ihre Gegenwart verändern. Die Möglichkeiten der emotionalen Erpressung nehmen während Krisen, die das Selbstwertgefühl des Erpressers schwächen können, wie Trennung oder Scheidung, Verlust des Arbeitsplatzes, Krankheit und Ruhestand usw., erheblich zu.

Es ist nicht die Krise, die sie zu emotionalen Erpressern macht, sondern vielmehr ihre Unfähigkeit, mit solchen Problemen umzugehen. Oft lässt sich beobachten, dass Menschen, die nicht in der Lage sind, diese Probleme in ihrem Leben zu verarbeiten, entweder überbehütet waren oder bereits in ihrer Kindheit alles gehabt haben. Damit hatten sie wenig Gelegenheit, ihr Selbstvertrauen und ihre Fähigkeit, mit jeglicher Art von Verlust umzugehen, aufzubauen. Beim ersten Hinweis auf Entbehrung oder Verlust werden sie entweder wütend oder geraten in Panik und greifen zu Erpressung, um dieses Gefühl zu vermeiden.

In der Regel konzentrieren sich Erpresser bedingungslos auf ihre Wünsche und Bedürfnisse. Sie interessieren sich nicht sonderlich für andere Menschen oder dafür, wie sich deren Druck auf

Sie auswirkt. Für sie ist jede Interaktion mit Ihnen ein Alles-oder-Nichts-Beziehungskonzept, bei dem es darauf ankommt, ob eine Beziehung zustande kommt oder nicht. Wenn Sie sich mit dem einverstanden erklären, was die Erpresser wollen, werden sie bleiben, andernfalls ziehen sie sich aus der Beziehung zurück.

Erpresser wissen, was die Beziehung für Sie bedeutet und wie wichtig sie ist. Deshalb wenden sie Taktiken an, um eine mögliche Spaltung der Beziehung herbeizuführen. Sie wissen und erkennen, dass Sie die Beziehung nicht aufgeben werden. Das macht Sie anfällig für diese Art der Manipulation.

Die meisten Erpresser haben eine „Ich-will-was-ich-will-und-wann-ich-es-will-Haltung". Und die Dringlichkeit, das zu haben, was sie sich wünschen, verschleiert ihre Fähigkeit, die Konsequenzen ihrer Handlungen zu erkennen.

Das Auffälligste, was in der Psyche eines Erpressers heraussticht, ist, dass sie sich so anhören, als drehe sich alles um Sie. Tatsächlich reden sie so, als ob es nur um Sie ginge, aber in Wirklichkeit geht es gar nicht um Sie. Es geht nur um den Erpresser und seine Begierden. Erpressung entspringt aus unsicheren Stellen im Inneren der Person, die sie ausführt. Meistens hat es mit der Vergangenheit des Erpressers zu tun und nicht mit seiner Gegenwart. Es hat mit den Bedürfnissen des Erpressers zu tun und nicht mit dem, was der Erpresser über Ihr Tun sagt.

## Es gehören immer zwei dazu

Wie bei allem gehören auch bei der emotionalen Erpressung immer zwei dazu, sodass die Erpressung Erfolg hat oder überhaupt erst zustande kommt. Der Erpresser allein kann ohne die aktive Beteiligung des Opfers nichts ausrichten. Wenn Sie nicht Ihr Einverständnis geben, dass die Erpressung erfolgt, kann sie nicht durchgeführt werden.

Manchmal sind Sie sich des Problems bewusst, doch Sie können sich nicht dagegen wehren, weil der Druck des Erpressers eine

Reihe von programmierten Reaktionen in Ihrem Kopf auslöst und Sie aus einem Impuls heraus handeln. Wenn der Erpresser zum Beispiel droht, sich umzubringen, wenn Sie seinen Befehlen nicht gehorchen, lässt das nicht viel Raum für Diskussionen. Sie werden sofort von der Angst gepackt, diese Person zu verlieren. Sie neigen dazu, nachzugeben, damit sie diesen selbstmörderischen Schritt nicht wagt. Der Erpresser hat also nicht einmal einen Raum zum Nachdenken oder Abwägen geboten. Sie sind gezwungen, impulsiv zu reagieren.

Erpresser sind sich Ihrer Achillesferse bewusst. In dem Moment, in dem Sie sich widersetzen, setzt die Verlustangst des Erpressers ein und er benutzt Ihre Achillesferse, um Ihre Entscheidung zu ändern und zu bekommen, was er will.

Warum können Sie sich also nicht widersetzen? Warum spielen Sie ein Opfer der Machenschaften anderer? Es liegt an den Eigenschaften, die Sie verletzlich machen.

## Grundzüge und Gefühlslage der Opfer

Nicht nur die Erpresser, sondern auch die Opfer von emotionaler Erpressung fühlen sich in ihrem Selbstwertgefühl verunsichert, wertlos und minderwertig. Sie zweifeln in einem schädlichen Maß an sich selbst.

Opfer von emotionaler Erpressung weisen gemeinsame Eigenschaften auf, die sie verletzlich machen. Sie suchen ständig die Zustimmung anderer Menschen. Sie haben Angst vor Wut und wünschen sich Frieden um jeden Preis. Sie zeigen oft übertriebenes Mitgefühl und Einfühlungsvermögen. Erpressungsopfer nehmen die Verantwortung für das Leben anderer Menschen gerne auf sich. Sie erleben ein hohes Maß an Selbstzweifeln und haben Angst davor, in jeder Beziehung, die sie eingehen, im Stich gelassen zu werden. Sie personalisieren Dinge und haben im Allgemeinen ein geringes Selbstwertgefühl.

Wenn Sie diese Eigenschaften wiederholt oder in extremer Weise zeigen, werden Sie zum „bevorzugten Ziel" eines emotionalen Erpressers. Emotionale Erpresser orientieren sich daran, wie Sie auf alltägliche Situationen oder ihr Verhalten reagieren und setzen sie gegen Sie ein.

## Die Auswirkungen emotionaler Erpressung

Diese Beziehungen können lebensbedrohlich sein oder auch nicht, aber sie berauben das Opfer seiner Selbstintegrität. Die Opfer beginnen, ihren Sinn für die Realität zu hinterfragen. Die Auswirkungen von emotionaler Erpressung auf die Opfer können zusammengefasst werden als:

- Geringes Selbstwertgefühl
- Eine geringe Meinung von sich selbst, ein negatives Selbstbild
- Eine verzerrte Auffassung von sich selbst
- Ein Teufelskreis von Erpressung und ein Mangel an Selbstsicherheit
- Das Opfer kann sogar andere verraten, um den Erpresser zu beschwichtigen
- Das Gefühl von Einsamkeit und Isolation
- Misstrauen in Beziehungen
- Angstzustände und Depressionen

## Wie sich die Dynamik ändern lässt

Nachdem Sie die Eigenschaften des Erpressers und Ihre eigenen Charakterzüge ermittelt haben, die Sie für eine emotionale Erpressung empfänglich machen, ist es an der Zeit, in die Offensive zu gehen und herauszufinden, wie Sie diese Dynamik verändern können, damit Sie nicht mehr auf solche Weise behandelt werden.

Was ist also notwendig, um eine emotionale Erpressung zu unterbinden?

Sie müssen damit beginnen, die Situation aus einer neuen Perspektive zu betrachten. Es ist entscheidend, sich von den Emotionen des Erpressers zu lösen. Losgelöstheit bedeutet nicht, gefühllos zu werden, aber lassen Sie sich nicht von ihren Emotionen verunsichern. Sie müssen erkennen, dass Sie auf eine Art und Weise behandelt werden, die nicht angemessen ist. Wenn Sie das eingesehen haben, verpflichten Sie sich, für sich selbst zu sorgen. Lassen Sie nicht zu, dass diese missbräuchliche Behandlung weitergeht. Betrachten Sie die gestellten Anforderungen und wie diese dazu führen, dass Sie sich unwohl fühlen.

Lassen Sie sich nicht dazu verleiten, dem Druck des Erpressers nachzugeben. Setzen Sie Ihre Grenzen. Nehmen Sie sich Zeit, die Situation aus allen Blickwinkeln zu betrachten und denken Sie über die Alternativen nach, bevor Sie eine Entscheidung treffen. Haben Sie eine klare Vorstellung davon, was Sie durch eine Änderung Ihrer Denkweise und Ihres Umganges mit der Beziehung bezwecken wollen. Respektieren Sie zuerst Ihre eigenen Bedürfnisse.

## Wie man emotionalen Erpressern gegenübertreten sollte

Sobald Sie Ihre Einstellung geändert haben, um auf eine andere Weise auf den Erpresser zuzugehen, ist es an der Zeit, die spezifischen Antworten auf seine erpresserischen Aussagen zu erlernen. Das Ergebnis wird jedoch nicht in der ersten Runde vorliegen. Sie müssen üben, diese Antworten zu sagen, bis sie Ihnen natürlich erscheinen. Erpresser bombardieren Sie mit Visionen über die extrem negativen Folgen, wenn Sie ihnen nicht gehorchen. Sie werden versuchen, Sie unter Druck zu setzen, damit Sie Ihre Entscheidung ändern. Aber bleiben Sie bei Ihrer Einstellung.

Im Folgenden sind die spezifischen Möglichkeiten aufgeführt, auf ihre verheerenden Aussagen zu reagieren:

1. Erpresser sagen: „Ich werde im Krankenhaus enden, wenn du dich nicht um mich kümmerst."

Sie antworten: „Das ist deine Entscheidung."

2. Erpresser sagen: „Du siehst deine Kinder nicht mehr."

   Sie antworten: „Ich hoffe nicht, dass du das tatsächlich durchziehst, aber meine Entscheidung ist gefallen."

3. Erpresser sagen: „Du bist nicht mehr mein Kind./Ich werde dich enterben./Ich sorge dafür, dass du leiden wirst./Das wird dir noch leidtun."

   Sie antworten: „Ich weiß, dass du im Augenblick wütend/enttäuscht bist. Warum greifen wir das Thema nicht wieder auf, wenn du dich etwas beruhigt hast? Drohungen/Wehleidigkeit/Tränen ziehen nicht mehr."

4. Erpresser sagen: „Du verhältst dich selbstsüchtig."

   Sie antworten: „Du hast ein Recht auf deine Meinung."

5. Erpresser fragen: „Wie kannst du mir das nur antun, nach allem, was ich für dich getan habe?"

   Sie antworten: „Ich weiß, dass du mit der Situation nicht glücklich bist, aber die Dinge sind jetzt nun mal so."

6. Erpresser fragen: „Warum zerstörst du mein Leben?"

   Sie antworten: „Niemand ist hier im Unrecht. Wir haben einfach unterschiedliche Prioritäten."

7. Erpresser fragen: „Wieso benimmst du dich so?"

   Sie antworten: „Ich weiß, dass du enttäuscht bist, aber über die Sache lässt sich nicht mehr verhandeln."

Susanne Forward schlägt außerdem drei Strategien vor - den Vertrag, die Machterklärung und eine Reihe selbstbestärkender Phrasen, um die emotionale Erpressung zu unterbinden.

### Der Vertrag

Ein Vertrag ist eine Liste von Versprechungen, die Sie sich selbst geben, damit Sie nicht länger Opfer von emotionaler Erpressung werden. Nehmen Sie sich jeden Tag Zeit, den Vertrag laut vorzulesen. Mögliche Beispiele von Versprechungen könnten sein:

„Ich verspreche mir selbst, meine Entscheidungen nicht länger von Angst, Pflicht- und Schuldgefühlen beherrschen zu lassen."

„Ich verspreche, die Strategien in diesem Buch zu lernen und anzuwenden, um nicht länger emotional erpresst zu werden."

### Machterklärung

Erstellen Sie Ihre Machterklärung als Antwort auf jene des Erpressers und wiederholen Sie sie immer und immer wieder, wenn Sie vom Manipulator bedrängt werden. Zum Beispiel: „Ich werde das nicht tun." Machterklärungen sind prägnant und haben Wirkung. Sie stellen Ihre Zweifel und vermeintlich limitierten Fähigkeiten, mit solchen Menschen umzugehen, infrage.

### Phrasen der Selbstbestärkung

Wenn Sie den Forderungen des Erpressers nachgeben, können Sie Schuldgefühle, Verlegenheit, Kränkung, Verletzung, Angst, Scham, Sorge, Wut, Groll, Verbitterung, Machtlosigkeit, Hoffnungslosigkeit usw. empfinden. Die einzige Möglichkeit, diese negativen Emotionen zu überwinden, besteht darin, Ihre Denkweise zu ändern. Entwickeln Sie einige selbstbestätigende Gedankenmuster, die Sie wiederholen können, wenn Ihnen negative Gedanken in den Sinn kommen. Fragen Sie sich selbst: „Ist mir die Forderung, die an mich gestellt wird, unangenehm? Warum? Welcher Teil der Forderung ist in Ordnung und welcher nicht? Welche Folgen hat es, wenn ich der Forderung nachkomme?"

Denken Sie immer an **SOS**, bevor Sie auf eine Forderung reagieren:

**S**top - Nehmen Sie sich Zeit, darüber nachzudenken.

**O**bserve - Beobachten Sie Ihre Reaktionen, Gedanken, Gefühle und Trigger.

**S**trategize - Analysieren Sie die Forderungen und die möglichen Folgen, die sich durch die Erfüllung der Forderungen ergeben. Ziehen Sie Ihre Bedürfnisse in Betracht und wägen Sie Alternativen ab.

Da Erpresser sehr defensiv sind, können sie Ihre Formulierungen kommentieren und Konflikte häufig eskalieren. Versuchen Sie, sich von eskalierenden Äußerungen fernzuhalten und bleiben Sie bei nicht defensiver Kommunikation, wie zum Beispiel:

- Ich sehe, dass du aufgebracht bist.
- Ich verstehe, dass du frustriert bist.
- Es tut mir leid, dass du wütend bist.
- Ich kann deine Perspektive nachvollziehen.
- Lass uns darüber sprechen, wenn du dich etwas beruhigt hast.

## Der Umgang mit schweigender Nötigung

Es ist leicht, auf jene Erpresser zu reagieren, die offene Drohungen aussprechen oder Erpressung verbal betreiben, aber was ist mit denjenigen, die im Stillen schmollen? Was kann man sagen oder tun, wenn sie schweigen? Dieses Schweigen ist viel subtiler als ein offener Angriff. Manchmal hat man das Gefühl, dass bei einem schweigenden Erpresser nichts funktioniert. Wenn man sich jedoch an die Prinzipien der nicht-verteidigenden Kommunikation hält und die nachfolgenden Do- und Don't-Empfehlungen (was man tun und was man nicht tun sollte) befolgt, kann man auch gegen einen stillen Erpresser vorgehen.

### *Do*

Denken Sie daran, dass der Erpresser unzulänglich und machtlos ist und Angst hat, dass Sie ihn verletzen oder im Stich lassen könnten.

Konfrontieren Sie ihn, wenn er eher bereit ist, sich anzuhören, was Sie zu sagen haben. Erwägen Sie, ihm einen Brief zu schreiben.

Versichern Sie ihm, dass Sie seinen Gefühlen Gehör schenken werden, ohne Vergeltung zu üben.

Seien Sie taktvoll und diplomatisch. Das versichert ihm, dass Sie seine Verwundbarkeit nicht ausnutzen werden.

Sagen Sie beruhigende Dinge, wie: „Ich weiß, dass du jetzt wütend bist und ich bin bereit, mit dir darüber zu sprechen, sobald du bereit bist, darüber zu reden", und lassen Sie ihn dann in Ruhe. Sie werden ihn sonst nur noch mehr zum Rückzug zwingen. Sagen Sie ihm offen, dass sein Verhalten Sie verärgert, aber beginnen Sie damit, Wertschätzung auszudrücken. Zum Beispiel: „Mama, du bist mir wirklich wichtig und ich glaube, du bist einer der klügsten Menschen, die ich kenne, aber es stört mich wirklich, wenn du jedes Mal, wenn wir uns über etwas uneinig sind, schweigst und einfach weggehst. Das schadet unserer Beziehung und ich frage mich, ob du mit mir darüber reden würdest."

Lassen Sie sich nicht von dem Problem ablenken, über das Sie sich aufregen. Bleiben Sie konzentriert.

Bereiten Sie sich darauf vor, dass Sie angegriffen werden, wenn Sie eine Beschwerde äußern. Der Erpresser wird Ihre Behauptung als einen Angriff gegen ihn erleben.

Lassen Sie ihn wissen, dass Ihnen klar ist, dass er verärgert ist und was Sie dagegen unternehmen können.

Akzeptieren Sie die Tatsache, dass Sie in den meisten Fällen den ersten Schritt machen müssen.

Lassen Sie einige Dinge auf sich beruhen.

### *Don't*

Erwarten Sie nicht, dass der Erpresser den ersten Schritt zur Lösung des Konfliktes wagt.

Bitten Sie ihn nicht, Ihnen zu sagen, was los ist.

Bleiben Sie ihm nicht auf den Fersen, um eine Antwort zu erhalten (was ihn nur dazu veranlassen wird, sich weiter zurückzuziehen).

Kritisieren, analysieren oder interpretieren Sie nicht seine Motive, seinen Charakter oder seine Unfähigkeit, direkt zu kommunizieren.

Akzeptieren Sie nicht bereitwillig Ihre Schuld für alles, worüber sich der Erpresser aufregt, nur um ihn in eine bessere Stimmung zu versetzen.

Lassen Sie Ihn nicht das Diskussionsthema wechseln.

Lassen Sie sich nicht durch die Spannung und Wut, die in der Luft liegen, einschüchtern.

Vermeiden Sie es, aus der Frustration heraus Drohungen auszusprechen, die Sie nicht so meinen, wie zum Beispiel: „Wenn du mir nicht sagst, was los ist, werde ich nie wieder mit dir sprechen."

Verlassen Sie sich nicht darauf, dass es zu einer unmittelbaren wesentlichen Änderung seines Verhaltens kommt, falls er sich schließlich entschuldigt.

Erwarten Sie keine größeren Persönlichkeitsveränderungen, auch wenn der Erpresser sein Fehlverhalten einsieht und bereit ist, daran zu arbeiten.

Emotionale Erpressung ist eine schmerzhafte und dysfunktionale Form des Missbrauches, die Sie innerlich zerreißen kann. Sie könnten sich in einer toxischen Beziehung zu solch einem Manipulator gefangen fühlen. Aber wenn Sie durchhalten und die oben genannten Taktiken anwenden, um auf seine Drohungen zu reagieren, wird Ihnen das helfen, emotionale Erpressung in Ihren Beziehungen zu stoppen und zu verhindern.

## Zusammenfassung des Kapitels

1. Nicht jede Person, die in einer Beziehung eine Forderung an Sie stellt, ist ein emotionaler Erpresser.

2. Es sind nicht die Forderungen, die einen Menschen zu einem emotionalen Erpresser machen, sondern vielmehr die Art und Weise, wie er diese Forderungen zu erreichen versucht.

3. Eine emotionale Erpressung ist eine Transaktion zwischen dem Erpresser und dem Opfer. Der Erpresser ist der „Beherrscher" der Emotionen des Opfers.

4. Eine emotionale Erpressung beginnt damit, dass der Erpresser eine Forderung stellt, gegen die sich das Opfer wehrt. Der Widerstand ist jedoch von kurzer Dauer, da der Erpresser das Opfer bedroht und unter Druck setzt, seinen Wünschen nachzukommen, indem er die Taktik der Angst, der Pflicht und der Schuld anwendet. Dadurch wird ein Schema für mehrfachen Druck auf das Opfer entworfen.

5. Emotionale Erpresser lassen sich in vier Kategorien einteilen: Bestrafer, die drohen, das Opfer zu verletzen; Selbstbestrafer, die drohen, sich selbst zu verletzen; Leidende, die das Opfer für ihren schlechten emotionalen Zustand verantwortlich machen; und Verführer, die das Opfer mit falschen Versprechungen locken.

6. Alle emotionalen Erpresser weisen einige Gemeinsamkeiten auf - eine narzisstische Neigung, ein geringes Selbstwertgefühl, Angst vor Verlust und Verlassenwerden, tiefe Wut, Panik, Frustration und Depression, emotionale Unreife und mangelnde Verantwortungsbereitschaft.

7. Eine emotionale Erpressung kann nur dann stattfinden, wenn das bevorzugte Ziel des Erpressers die Drohung akzeptiert und nachgibt.

8. Bestimmte Eigenschaften machen Sie anfällig für emotionale Erpressung durch andere - ein geringes Selbstwertgefühl, das Streben nach Anerkennung durch andere, extremes Mitgefühl, extremes Mitleid mit anderen, Angst vor Isolation und die Bereitschaft, die Verantwortung für andere auf Ihren Schultern zu tragen.

9. Emotionale Erpressung kann lebensbedrohlich sein oder das Opfer psychisch und emotional peinigen.

10. Die einzige Möglichkeit, die emotionale Erpressung zu beenden, besteht darin, Ihre Haltung und Ihren Umgang mit dem Erpresser zu ändern. Das Setzen klarer Grenzen und der Einsatz nicht defensiver Kommunikation tragen wesentlich zum erfolgreichen Umgang mit emotionaler Erpressung bei.

Im nächsten Kapitel werden Sie Folgendes lernen:

- Die FOG-Taktiken, die von emotionalen Erpressern angewendet werden
- Die Projektion von emotionaler Erpressung: Vorwurf, Schuld und Scham
- Die emotionalen Werkzeuge von Erpressern

KAPITEL 3:

# Die Grundtechniken der Erpressung

Nachdem Sie die Eigenschaften von emotionalen Erpressern und Ihre eigenen Veranlagungen, die Sie für Manipulationen anfällig machen, kennengelernt haben, ist es an der Zeit, sich umfassend mit den Taktiken dieser Erpresser zu befassen.

Wissen Sie, wer den Begriff „Emotionale Erpressung" geprägt hat?

Es waren die führenden Therapeuten und Psychologen Susan Forward und Donna Frazier. Sie führten auch das Konzept der Angst, der Pflicht- und der Schuldgefühle oder FOG (Fear, Obligation, Guilt) ein. Lassen Sie uns mehr über dieses Konzept erfahren.

## Das FOG-Konzept

FOG ist die Technik, die emotionale Erpresser benutzen und auf die sie für ihren Erfolg vertrauen. Das liegt daran, dass ihre Opfer Angst vor ihnen haben, sich ihnen gegenüber verpflichtet oder sich schuldig fühlen, wenn sie nicht tun, worum sie gebeten wurden. Der Erpresser kennt diese Gefühle seiner Opfer und identifiziert schnell ihre emotionalen Auslöser, sodass seine Erpressung funktioniert. FOG stellt die Kombination von drei Strategien dar, die Manipulatoren anwenden, um ihre Opfer zu schikanieren. Sie können entweder eine oder alle drei anwenden, sofern das Opfer ihren Forderungen nicht nachgibt. FOG steht für Angst (Fear), Verpflichtung (Obligation) und Schuld (Guilt).

Sich dieser Taktiken der emotionalen Erpresser bewusst zu sein, wird Ihnen helfen, sich nicht so zu verhalten, wie die Erpresser es sich wünschen. Es wird Sie dabei unterstützen, der Manipulation und der Ausbeutung durch eine solche Person zu entgehen.

Die drei Techniken, die von Erpressern eingesetzt werden, sehen wie folgt aus:

**Sie benutzen Ihre Ängste (F, Fear)**

Was ist Angst?

Angst ist ein Gefühl, das wir erleben, wenn wir fürchten, dass etwas Schlimmes passieren wird, wie zum Beispiel die Angst, unsere Lieben zu verlieren. Diese Angst schützt uns aber auch vor Gefahren. Leider nutzen manche Menschen diese Angst, um andere zu manipulieren und sie dazu zu bringen, ihren Forderungen nachzukommen. Um Menschen emotional zu nötigen, benutzen die Erpresser verschiedene Arten von Ängsten, wie zum Beispiel:

- Die Angst der Ungewissheit
- Die Angst vor Isolation
- Die Angst davor, andere zu verärgern
- Die Angst vor Konfrontationen
- Die Angst vor Zwickmühlen
- Die Angst um die körperliche Unversehrtheit

Zum Beispiel: Der Ehemann weiß, dass seine Frau eine außereheliche Beziehung zu einem anderen Mann hat. Er hat sie auf frischer Tat ertappt. Dennoch kann er seine Frau nicht bitten, den anderen Mann nicht mehr zu sehen, weil er befürchtet, dass die Frau ihn verlassen wird, wenn er dies tut.

**Sie nutzen Ihr Pflichtgefühl (O, Obligation)**

Eine Beziehung ist eine Verpflichtung. Sie sind moralisch an die Person gebunden, mit der Sie in einer Beziehung stehen. Das ist Ihre Verpflichtung. Aber wenn dieselbe Person dieses Gefühl der Verpflichtung dazu benutzt, Sie zu manipulieren, auf Ihre emotionalen Auslöser zu setzen und Sie dazu zu zwingen, ihren

Wünschen nachzukommen, handelt es sich um emotionale Erpressung.

Zum Beispiel kann Ihr Partner Sie unter Druck setzen und Sie um das bitten, was er will, indem er Sie an all die Dinge erinnert, die er für Sie getan hat oder an die Opfer, die er erbracht hat. Dadurch sind Sie verpflichtet, das zu tun, was er will, auch wenn es Ihnen nicht zusagt.

### *Sie nutzen Ihr Gewissen (G, Guilt)*

Wenn Sie den Forderungen des Erpressers nicht nachkommen, wird er, auch wenn er an Ihr Pflichtgefühl appelliert, seine nächste Taktik anwenden, nämlich Schuldzuweisungen. Der Erpresser wird dafür sorgen, dass Sie sich schuldig fühlen, weil Sie Ihre Versprechen nicht pflichtgemäß einhalten. Er wird es so aussehen lassen, als hätten Sie es verdient, bestraft zu werden. Zum Beispiel kann es vorkommen, dass Sie glücklich sind, es Ihrem Partner aber schlecht geht und er das als Anlass zum Vorwurf nimmt.

Die FOG-Technik findet in der Obskurität statt. Sie entspringt den Emotionen und nicht dem logischen Denken des Erpressers.

Wie im letzten Kapitel besprochen, braucht es für eine Erpressung zwei Beteiligte. Wenn Sie sich weigern, durch Angst, Verpflichtung und Schuld tyrannisiert zu werden, persönliche Grenzen setzen, auf sich selbst aufpassen und sich nicht von Ihren Emotionen blenden lassen, können Sie verhindern, dass Sie von den Forderungen des Erpressers gefangen genommen werden.

Wenn es ihm nicht länger gelingt, Sie gefangen zu halten oder zu manipulieren, wird er diese Taktiken kaum noch einmal anwenden.

## Was macht Sie zur Geisel der FOG-Technik des Erpressers?

Neben den Merkmalen, die Sie zu einem Opfer emotionaler Erpressung machen, fallen Sie auch aus diesen Gründen der FOG-Technik zum Opfer:

**Das Bedürfnis, es den Menschen recht zu machen** - Am Ende geben Sie dem emotionalen Erpresser nach, damit dieser nicht böse auf Sie ist. Da Sie in diesem Stadium verletzlich sind, glauben Sie, dass die ungerechtfertigte und lieblose Behandlung, die Sie erhalten, richtig sei. Sie fühlen sich schuldig, die andere Person wütend gemacht zu haben.

**Sie werden zermürbt** - Ständige Kompromisse in einer Beziehung, das Nachgeben gegenüber den Forderungen des anderen, die nicht mit Ihren eigenen Bedürfnissen und Wünschen übereinstimmen, können Sie zermürben. Das macht Sie anfälliger für emotionale Manipulation durch die FOG-Technik.

**Angst vor Wut und Vergeltung** - Die meisten Menschen fürchten den Zorn und die Rachsucht anderer Menschen. Diese Angst ist eine starke Antriebskraft, um Opfer von emotionaler Erpressung zu werden.

### Emotionale Erpressung durch Menschen, die unter einer Borderline-Persönlichkeitsstörung leiden

Bei einer Borderline-Persönlichkeitsstörung (BPS) handelt es sich um eine psychische Funktionsstörung, die sich auf die Art und Weise auswirkt, wie der Patient über sich selbst und andere denkt und fühlt, was zu Beeinträchtigungen im alltäglichen Leben führt. Menschen, die an dieser psychischen Erkrankung leiden, haben Probleme mit ihrem Selbstbild, Schwierigkeiten im Umgang mit ihren Gefühlen und ihrem Verhalten und eine starke Angst vor dem Verlassenwerden. Kurz gesagt, sie können es nicht ertragen, allein zu sein.

## Anzeichen und Symptome einer BPS:

- Eine intensive Angst vor dem Verlassenwerden, die ein solches Ausmaß erreichen kann, dass Betroffene zu extremen Maßnahmen greifen, um eine faktische oder vermeintliche Trennung zu vermeiden
- Beziehungen sind intensiv, gleichzeitig aber schwankend und instabil. Es kommt oft vor, dass der Patient jemanden in einem Moment idealisiert und dann plötzlich von einem Tag auf den anderen glaubt, dass die Person sich nicht um ihn sorgt.
- Fragen der Selbstidentität, ein negatives Selbstbild, Zweifel an der eigenen Existenz
- Phasen von stressbedingter Paranoia und Verlust des Realitätsbezuges
- Impulsives und riskantes Verhalten, wie zum Beispiel Glücksspiel, rücksichtsloses Fahren, Kaufrausch, Essanfälle, Drogenmissbrauch oder Sabotage des eigenen Erfolges, indem ein guter Arbeitsplatz plötzlich gekündigt oder eine positive Beziehung beendet wird
- Selbstmorddrohungen, die oft im Zusammenhang mit Angst vor Verlust oder Zurückweisung ausgesprochen werden
- Große Stimmungsschwankungen, bei der Stimmungen von intensiver Heiterkeit über Reizbarkeit bis hin zu Scham oder Beklemmung schwanken können
- Anhaltende Gefühle der Leere
- Unverhältnismäßige, intensive Wut, wie zum Beispiel häufige Wutausbrüche, Zynismus, Verbitterung oder körperliche Kämpfe

Das Ringen mit der Impulsivität und die Angst vor dem Verlassenwerden lassen Menschen, die an BPS leiden, zu emotionaler Manipulation greifen. Ihre Manipulation ist jedoch eher ein Mittel zum Zweck im Umgang mit ihren Ängsten und weniger ein böswilliger Plan.

## Wie man mit emotionaler Manipulation durch Angehörige mit einer BPS umgeht

Obwohl Ihre Angehörigen mit einer BPS keine bösen Absichten haben, kann der Umgang mit ihnen viel Schmerz und emotionalen Aufruhr verursachen.

Randi Kreger, BPS-Autorin und –Expertin, hat fünf Schritte für den Umgang mit Ihrem BPS-Familienmitglied oder -Angehörigen bereitgestellt. Sie nennt ihren Ansatz „Beyond the Blame System" („Jenseits des Schuldsystems") - eine einfühlsame und sachliche Methode, mit emotionalen Manipulationen durch BPS-Erkrankte umzugehen.

*Die fünf Schritte ihres Ansatzes sehen wie folgt aus:*

1. **Selbstfürsorge**

   Der erste Schritt beginnt damit, dass Sie Ihre Freunde und vertrauenswürdigen Familienmitglieder um Unterstützung bitten. Konsultieren Sie auch einen qualifizierten Therapeuten, der Sie beim taktvollen Umgang mit dem Betroffenen anleiten kann. Denken Sie daran, Auseinandersetzungen mit dem Betroffenen zu meiden, wenn Sie sich müde, hungrig, krank oder emotional beeinträchtigt fühlen. Kümmern Sie sich zuerst um sich selbst und essen Sie richtig. Finden Sie Wege, Ihr Selbstwertgefühl zu stärken. Nehmen Sie das Verhalten des Betroffenen nicht persönlich. Sie agieren aus ihrer psychischen Erkrankung heraus und nicht aus der Absicht, Ihnen Schmerz zuzufügen.

2. **Identifizieren Sie Ihre Motive**

   Sie haben vielleicht eine „Retter-Beziehung" zu der Person aufgebaut, aber das ist für keinen von Ihnen gesund. Vielleicht wurden Verhaltensweisen, wie das Zuschlagen von Türen und das Werfen von Gegenständen, eingesetzt, um Ihr Verhalten zu kontrollieren, wodurch Sie in der Angst stecken bleiben und in einem Teufelskreis mit dem Betroffenen gefangen sind.

Die Angst könnte Sie auch auf andere Weise kontrollieren, zum Beispiel durch die Angst vor den Reaktionen dieser Menschen, die Angst vor Konflikten, die Angst vor dem Alleinsein usw. Beginnen Sie, zu verstehen, was Sie in dieser ungesunden Dynamik mit dem Betroffenen gefangen hält.

### 3. Kommunizieren Sie Ihren Standpunkt

Sich dem BPS-Betroffenen zu nähern und zu versuchen, mit ihm zu kommunizieren, kann beängstigend sein, weil die Interaktion in der Vergangenheit chaotisch und widersprüchlich verlaufen ist. Ihre Versuche waren vergeblich, und Sie haben sich überfordert gefühlt.

Kommunikation ist jedoch der beste und gesündeste Weg, um voranzukommen. Zeigen Sie immer Einfühlungsvermögen, Aufmerksamkeit und Respekt, wenn Sie auf den BPS-Betroffenen zugehen. Indem Sie auf diese Weise an ihn herantreten, ist die Chance größer, dass er sich beruhigt und Ihnen Gehör schenkt.

Kommunizieren Sie, fassen Sie sich kurz, seien Sie informativ, freundlich und entschlossen. Halten Sie sich an das Positive und setzen Sie Ihre Grenzen, anstatt kritisch oder sarkastisch zu sein.

### 4. Setzen Sie Grenzen durch Liebe

Dieser Schritt kann sich schwer anfühlen, wenn Sie dem Betroffenen bisher keine Grenzen gesetzt haben oder wenn Sie diese, als Folge des FOG-Prinzips, nie überschritten haben. Aber denken Sie daran, dass das Setzen von Grenzen für Ihre psychische Gesundheit und die Gesundheit Ihrer Beziehung von wesentlicher Bedeutung ist.

Sie müssen Ihre Grenzen nicht nur mit Liebe, sondern auch mit Entschlossenheit kommunizieren. Wenn Sie sich zum

Beispiel entschieden haben, den Raum zu verlassen, sobald Ihr Angehöriger Wut äußert, müssen Sie klar zum Ausdruck bringen, dass Sie ihn nicht im Stich lassen. Sie müssen ihm sagen, wie sehr Sie ihn lieben und dass Sie ihn allein lassen, um sich selbst zu helfen und nicht, um ihn zu kränken. Kommen Sie erst dann zurück, wenn er sich wieder beruhigt hat.

Fangen Sie klein an, wenn Sie beginnen, Ihrem Angehörigen Grenzen zu setzen. Seien Sie hart, aber fair und weichen Sie nicht von Ihren Prinzipien ab. Das Setzen von Grenzen ist eine Verpflichtung, die Sie sowohl für sich selbst als auch im Interesse Ihres geliebten Menschen eingehen.

5. **Fördern Sie das richtige Verhalten**

Taten sagen mehr als Worte. Reagieren Sie nicht impulsiv, wenn Ihr Angehöriger übermäßige negative Emotionen ausdrückt. Jede Reaktion dieser Art von Ihrer Seite wird die negativen Gefühle verstärken, auch wenn Sie nur gelegentlich auf diese Weise reagieren. Gehen Sie entweder für einen Moment weg oder sprechen Sie nur positive Aspekte an.

## Die emotionalen Waffen der Erpresser

Die Manipulation durch emotionale Erpresser kann offenkundige Aggression, narzisstischen Missbrauch und subtile Formen des emotionalen Missbrauchs umfassen. Die typischen Werkzeuge und Taktiken, die sie zur Manipulation einsetzen, sind:

### Lügen

Nun, niemand ist weder vollkommen ehrlich noch ein hundertprozentiger Lügner. Aber Manipulatoren sind gewohnheitsmäßige Lügner. Sie lügen auch dann, wenn es nicht nötig ist - nicht etwa aus Angst oder aufgrund von Schuldgefühlen, sondern um Sie zu verwirren und das zu bekommen, was sie wollen. Neben der Lüge können sie Sie mit falschen Anschuldigungen in die Defensive drängen. Lügen kann durch die Vagheit der gegebenen Informationen geschehen oder durch das Weglassen des wahren Kerns und das Hinzudichten anderer Dinge.

*Verleugnung*

Nicht zu erkennen, dass Sie missbraucht wurden oder abhängig sind, ist keine Verleugnung. Verleugnung bedeutet, Dinge nicht anzuerkennen, dessen man sich bewusst ist, wie Versprechen, Vereinbarungen und bewusstes Verhalten. Dazu gehört auch das Rationalisieren von Ausreden. Zum Beispiel kann der Manipulator so tun, als ob Sie aus einem kleinen Problem ein großes machen oder er kann beginnen, seine Handlungen zu rechtfertigen, um Sie dazu zu bringen, an sich zu zweifeln oder um Ihre Sympathie zu gewinnen.

*Vermeidung*

Manipulatoren vermeiden es um jeden Preis, konfrontiert zu werden oder Verantwortung zu übernehmen. Sie vermeiden es ebenfalls, Gespräche über ihr Verhalten zu führen, was oft mit einem Angriff, wie „Du nervst mich ständig", einhergehen könnte. Dadurch werden Sie in Schuld, Vorwurf oder Beschämung gedrängt.

Das Vermeiden kann auch subtil erfolgen, indem der Manipulator das Gesprächsthema taktvoll auf etwas anderes verlagert. Vielleicht tarnt er es mit Prahlerei, Komplimenten und Bemerkungen, die Sie hören wollen.

Zum Beispiel kann ein Ehemann das Gesprächsthema beeinflussen, indem er sagt: „Du weißt, wie sehr ich dich liebe", oder „Du bist so fürsorglich und geduldig".

Ausweichmanöver sind eine weitere Taktik, um die Fakten zu verwischen, Sie zu verwirren und Sie an sich selbst zweifeln zu lassen.

## Projektion - Vorwurf, Schuld und Beschämung

Dies sind die Taktiken der Projektion. Projektion ist ein Verteidigungsmechanismus, der von Narzissten, BPS-Erkrankten und Menschen mit Abhängigkeitserkrankungen zur Manipulation eingesetzt wird. Es handelt sich um eine Form der Verteidigung, bei welcher die Manipulatoren andere für ihr eigenes Verhalten verantwortlich machen. Sie glauben an das Motto: „Es liegt nicht an mir, sondern an dir." Indem sie anderen die Schuld geben, versetzen sie die Zielperson in den Verteidigungsmodus. Diese Person fühlt sich nun schuldig und verlegen, während der Manipulator unschuldig davonkommt.

Manchmal kann sogar eine Rechtfertigung die Form einer Manipulation annehmen. Menschen mit Suchterkrankungen geben normalerweise anderen Menschen die Schuld an ihrer Sucht, beispielsweise einem anspruchsvollen Chef oder einem boshaften Ehepartner.

Durch Schuldzuweisungen und Vorwürfe verlagern Manipulatoren den Schwerpunkt auf Sie, machen Sie schwach und erhalten so die Chance, Sie für sich zu gewinnen. Beschämungen sind Schuldzuweisungen einen Schritt voraus, sodass Sie sich unzulänglich fühlen.

Beschämung entwürdigt nicht nur Ihr Handeln und Verhalten, sondern auch Sie als Person. Auch das Vergleichen ist eine Form der Beschämung, etwa wenn Eltern ihre Kinder mit Geschwistern oder Spielkameraden vergleichen.

Dem Opfer die Schuld zu geben, bedeutet auch, Schuld zuzuweisen. Zum Beispiel findet eine Ehefrau im Telefon ihres Mannes Hinweise darauf, dass er mit einer anderen Frau flirtet. Nun ist der Ehemann empört, weil die Frau sein Telefon überprüft hat. Er hat also den Fokus auf seine Frau verlagert, die eigentlich das Opfer in dieser Situation ist. Indem er seiner Frau vorwirft, dass sie sein Telefon überprüft hat, hat er eine Konfrontation hinsichtlich des

Flirtens vermieden. Darüber hinaus kann es auch sein, dass er diesbezüglich lügt oder das Thema gänzlich umgeht.

Infolge dieser Reaktion des Ehemannes fühlt sich die Frau schuldig, misstrauisch zu sein, und er wird weiter flirten, ohne sich um die Gefühle des Opfers zu kümmern. Das eigentliche Problem des Flirts bleibt unerwähnt.

### *Einschüchterung*

Einschüchterung erfolgt nicht immer direkt. Sie umfasst nicht unbedingt jedes Mal direkte Drohungen gegenüber dem Opfer, sondern kann auch durch einen Blick, einen Tonfall oder folgende Aussagen erreicht werden:

- Ich bekomme immer, was ich will.
- Ich habe Freunde in hohen Positionen.
- Ich habe einflussreiche Beziehungen.
- Bist du dir der Folgen deines Verhaltens bewusst?

Manchmal erzählt der Erpresser auch eine Geschichte, die Angst in Ihnen auslöst, wie zum Beispiel: „Sie hat ihren Mann verlassen und dadurch ihre Kinder, ihr Haus und alles andere verloren." Das ist keine direkte Drohung, sondern eine Warnung an das Opfer, dass es, wenn es sich wagt, gegen den Erpresser vorzugehen, für die Folgen bezahlen wird, genau wie der Protagonist in der Geschichte.

### *Das Opfer spielen*

Der Erpresser kann Sie dazu bringen, seinen Forderungen nachzugeben, indem er selbst in die Opferrolle schlüpft. Anstatt Sie zu beschuldigen, wird er sich selbst verantwortlich machen, um Schuldgefühle und Sympathie in Ihnen zu wecken. Er wird vielleicht sagen: „Ich verdiene es nicht, dass man sich um mich kümmert. Ich habe mich selbst nicht viel um dich gekümmert, wie kann ich das also von dir erwarten?" Diese Taktik zwingt Sie dazu, den

Erpresser im Recht und sich selbst im Unrecht zu sehen. Sie fangen an, sich in der Manipulation zu verfangen und sich an das zu halten, was der Erpresser will.

Doch Ihr Einlenken schürt Ihren Groll, schadet der Beziehung und ermutigt zu weiterer Manipulation.

Sobald Sie die emotionalen Mittel und Taktiken kennen, mit denen diese Erpresser Sie manipulieren, wird es leichter, ähnliche Muster der Druckausübung und ähnliche Taktiken in Ihren Beziehungen zu erkennen.

Jetzt ist es an der Zeit, die Strategien für den Umgang mit emotionaler Erpressung zu erlernen.

## Wie man mit emotionaler Erpressung umgeht und aufhört, das Opfer zu sein

Der erste Schritt im Umgang mit emotionaler Erpressung besteht darin, zu wissen, was emotionale Erpressung ist und wie man erkennen kann, dass man selbst oder jemand anderer erpresst wird.

Denken Sie an die folgenden Dinge, wenn Sie mit einem emotionalen Erpresser konfrontiert werden:

1. **Geben Sie seinen Forderungen nicht nach**

   Auch wenn die Situation beängstigend aussehen mag, wenn Sie mit direkten physischen oder emotionalen Bedrohungen konfrontiert werden, aber das Einlenken in die Forderung wird den Erpresser nur ermutigen, das Ganze zu wiederholen. Es wird die Situation verschlimmern. Bleiben Sie also standhaft, bleiben Sie hartnäckig und weigern Sie sich, den Forderungen des Erpressers nachzugeben. Dies ist umso wichtiger, wenn es sich bei der Drohung um Gewalt gegen Sie oder andere handelt. Entfernen Sie sich von der Situation.

## 2. Bedenken Sie, dass Menschen Personen, die sie lieben, nicht erpressen

Der häufigste Irrtum des Opfers im Hinblick auf den Erpresser besteht darin, dass der Täter das Opfer liebt und die Beziehung beendet, wenn das Opfer seinen Forderungen nicht nachkommt.

Es ist jedoch unwahrscheinlich, dass dies wahr ist. Sie müssen erkennen, dass Menschen, die Sie wirklich lieben, die sich aufrichtig um Sie kümmern, niemals Forderungen stellen werden, die Ihnen oder sich selbst zu schaden drohen. Das wird Ihnen helfen, sich von der Situation zu lösen, die Realität zu sehen und die Option zu haben, sich deren Forderungen zu entziehen oder ihnen zu folgen.

## 3. Stellen Sie die Gleichung um

Manchmal wird es nicht möglich sein, auf den Erpresser Einfluss zu nehmen, aber man kann sich selbst kontrollieren. Begeben Sie sich für eine gewisse Zeit aus der Situation heraus. Das zeigt dem Erpresser, dass er niemanden mehr hat, den er kontrollieren kann. Außerdem werden Sie besser mit der Situation umgehen können, wenn Sie sich nicht unter Druck gesetzt fühlen.

Unabhängig davon, ob Sie oder Ihre Angehörigen Opfer einer emotionalen Erpressung werden, müssen Sie in erster Linie die Zeichen erkennen, damit das Opfer sicher aus der Situation entfernt werden kann. Unterschätzen Sie Gewaltdrohungen niemals.

## Wie man mit Projektionen von Erpressern umgeht

Wie bereits erwähnt wurde, ist Projektion ein Abwehrmechanismus von Erpressern, insbesondere von Narzissten und Menschen, die an BPS oder Suchterkrankungen leiden. Durch die Projektion verteidigen sie sich vor unbewussten Impulsen oder Eigenschaften, die sie selbst verleugnen oder nicht wahrhaben wollen. Sie glauben, dass ihre Emotionen von der anderen Person ausgehen, während es in Wirklichkeit ihre eigenen Gedanken und Gefühle sind, die das Problem begründen. Erpresser können zum Beispiel denken, dass sie von der anderen Person gehasst werden, während sie eigentlich diejenigen sind, von welchen der Hass ausgeht.

Projektion ist ein Verhalten, das auf ein ungenügendes Niveau der emotionalen Entwicklung und Reife hinweist.

Wie sollten Sie mit der Projektion von Manipulatoren umgehen? Setzen Sie Grenzen, damit Sie nicht wütend auf das von Erpressern projizierte Verhalten reagieren. Urteilen Sie nicht aufgrund der Meinung anderer Menschen über sich selbst. Obwohl es schwierig sein kann, wenn Sie eine sensible Person sind, sollten Sie versuchen, die Kommentare und Aussagen der projizierenden Partei nicht persönlich zu nehmen. Versuchen Sie, sich in die projizierende Partei einzufühlen. Lassen Sie vor allem nicht zu, dass irgendetwas Ihre Selbstachtung und Ihr Selbstvertrauen schmälert.

## Zusammenfassung des Kapitels

1. FOG bzw. Angst (Fear), Verpflichtung (Obligation) und Schuld (Guilt) sind die Techniken, die von emotionalen Erpressern zur erfolgreichen Manipulation ihrer Opfer eingesetzt werden.

2. Das Bedürfnis, die Ihnen nahestehenden Personen zufriedenzustellen oder die Furcht vor ihrer Wut und Vergeltung machen Sie für emotionale Erpressung empfänglich.

3. Neben der FOG-Technik verwenden emotionale Erpresser Instrumente wie Lügen, Verleugnung ihrer Versprechen oder Vereinbarungen, das Vermeiden von Konfrontationen oder Gesprächen über ihr Verhalten, Projektionen, Einschüchterungen und das Spielen der Opferrolle, um Sie für sich zu gewinnen.

4. Projektion ist ein Verteidigungsmechanismus, der von Narzissten und Menschen mit BPS oder Suchterkrankungen eingesetzt wird, indem sie Vorwürfe, Schuldzuweisungen und Beschämungen verwenden, um ihre Opfer emotional zu erpressen.

5. Den Forderungen der Erpresser nicht nachzugeben, Grenzen zu setzen und eine direkte, feste Kommunikation mit ihnen zu führen, um Ihre Meinung aufrechtzuerhalten, sind die besten Wege, um mit emotionaler Erpressung umzugehen und nicht länger ein Opfer zu sein.

6. Zögern Sie nie, Freunde, Familienmitglieder und Psychotherapeuten um Unterstützung zu bitten, wenn Sie mit emotionaler Erpressung zu tun haben.

Im nächsten Kapitel werden Sie erfahren,

- welche Folgen die emotionale Erpressung von Kindern haben kann.
- worin der Unterschied zwischen schwierigen und toxischen Eltern besteht.
- wie sich emotionale Erpressung im Kreise der Familie bewältigen lässt.

# KAPITEL 4:

## Erpressung in der Familie

Der Entscheidungsprozess in der Familie ist ein komplexes Phänomen, bei dem viele Faktoren, einschließlich Emotionen, eine wichtige Rolle spielen. Sowohl Eltern als auch Kinder nutzen Emotionen, um sich gegenseitig zu beeinflussen und Entscheidungen zu ihren Gunsten zu beeinflussen. Dies ist im Allgemeinen natürlich und gesund.

Gesunde Familien treffen Entscheidungen durch Verhandlungen, klar definierte Regeln und gerechte Autorität. Obwohl es fast unmöglich ist, es jedem Familienmitglied im Entscheidungsprozess recht zu machen, versuchen die Eltern, allen zuzuhören, bevor sie die endgültige Entscheidung treffen. Eine solche Diskussion beseitigt die Geiselsituation zu Hause und ermöglicht es jedem, seine Meinung offen zu äußern, selbst bei Unzufriedenheit. Auf diese Weise werden die Themen vor die gesamte Familie gebracht. Der Wille einer einzelnen Person wird den anderen Mitgliedern nicht aufgezwungen.

Wenn Regeln und Erwartungen klar formuliert sind, ist auch die gerechte Autoritätsstruktur transparent. Die Notwendigkeit der Manipulation wird geringer und die Familienmitglieder entwickeln Vertrauen in die getroffene Entscheidung.

Der Einsatz von Emotionen wird schädlich, wenn sie als Drohung eingesetzt werden, um das Verhalten eines anderen zu kontrollieren oder ihn einzuschüchtern. Eltern können Drohungen gegenüber Kindern aussprechen, Kinder können sie gegen Eltern einsetzen und manchmal geraten sogar die Großeltern in diesen Kreislauf der emotionalen Bedrohung.

Diese emotionalen Bedrohungen entstehen gewöhnlich durch Wut, Schreien, Weinen, Jammern oder Klagen. Sie machen die Situation nicht nur für das Opfer unangenehm, sondern zwingen es auch, etwas zu tun, was ihm nicht gefällt.

Wenn diese emotionalen Bedrohungen an öffentlichen Orten stattfinden, wird es für das Opfer sehr peinlich, was den Druck auf das Opfer zusätzlich verstärkt, nachzugeben. Nach mehreren Episoden solcher Drohungen ist das Opfer gezwungen, einzulenken, um eine Szene in der Öffentlichkeit zu vermeiden. Hier erzeugt nicht nur der psychologische Druck, sondern allein das Unbehagen dieser Blamage einen Druck zum Einlenken.

Wiederholte emotionale Bedrohungen, sei es durch die Eltern oder das Kind, schaffen eine Geiselsituation in der Hausgemeinschaft.

Das Vorenthalten ist eine weitere Form der emotionalen Erpressung innerhalb der Familie. Der Erpresser kann damit drohen, Liebe, Aufmerksamkeit, Geld oder einen würdevollen Umgang vorzuenthalten, um seinen Willen durchzusetzen.

Leider nutzen viele Eltern emotionale Erpressung als Strategie zur Erziehung ihrer Kinder. Sie benutzen Angst, Schuldgefühle und Einschüchterung, um ihre Kinder dazu zu bringen, das zu tun, was sie wollen. Die Wahrheit ist, dass sie sich häufig der Folgen für ihre Kinder nicht bewusst sind. Sie sind sich nicht darüber im Klaren, welche Auswirkungen für die Kinder und die Beziehung, die sie zu ihnen pflegen, entstehen können.

Es scheint sehr verlockend und einfach zu sein, emotionale Erpressung anzuwenden und Kinder dazu zu bringen, den Aufforderungen der Eltern zu gehorchen, aber die Folgen sind immens schädlich. Kinder können lernen, emotional zu erpressen, indem sie sich ein Beispiel an ihren Eltern nehmen.

## Warum greifen Eltern auf emotionale Erpressung zurück?

Eltern greifen oft auf emotionale Erpressung zurück, weil sie so die Möglichkeit haben, Ihre Kinder dazu zu bringen, ohne Protest zu gehorchen. Was sie nicht verstehen, ist, dass Kontrolle nicht gleichbedeutend mit Erziehung ist. Eltern können dem Kind vorgeben, was es tun soll und wie es dies tun soll. Wenn sie ihnen aber drohen, weil sie es nicht sofort umsetzen, schränken sie die Entscheidungsfähigkeit des Kindes ein. Folglich wird das Kind, wenn es heranwächst, entweder übermäßig abhängig oder sehr aufsässig sein.

Außerdem offenbart die Anwendung emotionaler Erpressung gegenüber Kindern die Unsicherheit der Erwachsenen als Eltern. Es zeigt, dass sie wenig oder gar keine Geduld haben und die Art und Weise, wie ein junger Mensch handelt, nicht respektieren können. Zudem ist es auch der schlechteste Weg, sich vor den Fragen seines Kindes abzuschirmen.

## Wie wirkt sich emotionale Erpressung auf Ihre Kinder aus?

Emotionale Erpressung durch die Eltern ist eine Form der Manipulation, die dem Kind keine Wahl lässt. Sie müssen gehorchen, aber wahrscheinlich ist das nur von kurzer Dauer. Langfristig wird die Strategie der emotionalen Erpressung nicht funktionieren. Am schlimmsten ist, dass das Kind anfangen könnte, diese Strategie gegen Sie einzusetzen, weil es genau das von Ihnen aufgegriffen hat. Wenn Sie Ihren Willen nicht mit vernünftigen Mitteln durchsetzen können, drohen Sie anderen, um zu bekommen, was Sie wollen.

Darüber hinaus kann emotionale Erpressung das Herz Ihres Kindes mit Groll erfüllen, den es zunächst nicht erklären kann, der sich aber mit zunehmendem Alter zeigt. Emotionale Erpressung trübt auch die Liebe in Eltern-Kind-Beziehungen.

## Warum emotionale Erpressung nicht funktioniert

Manchmal funktioniert die emotionale Erpressung durch die Eltern nicht, weil die Eltern Drohungen aussprechen, die sie nicht konsequent umsetzen. Kein Elternteil wird aufhören, sein Kind zu lieben, weil es sein Zimmer nicht sauber hält, warum also damit drohen?

Viele Psychologen haben bewiesen, dass diese Art von Drohungen nicht lange andauert und ein sehr schlechtes Ergebnis hat. Wenn Sie Drohungen aussprechen, können Sie Ihr Kind nie dazu bringen, etwas zu lernen und den wahren Grund für das Sauberhalten seines Zimmers zu verstehen.

Es wird nie lernen, dass es seine Sachen durch ein aufgeräumtes Zimmer leicht wiederfinden kann. Es wird nie lernen, wie wichtig es ist, sich die Zähne zu putzen. Und so weiter.

Höchstwahrscheinlich werden die guten Gewohnheiten, die Sie Ihrem Kind beibringen wollten, ebenfalls verschwinden, wenn die Drohungen scheinbar keine Wirkung mehr zeigen.

Kurz gesagt: Erpressung lehrt Ihrem Kind nicht, Probleme konstruktiv zu lösen oder Dinge zu erledigen, weil diese am besten für Ihr Kind sind. Erpressung verändert das Verhalten des Kindes nur für einen Augenblick, aber es gibt keine wirkliche oder dauerhafte Entwicklung.

Wenn Sie Ihrem Kind außerdem mit einer Konsequenz drohen und diese dann nicht durchsetzen, verlieren Sie in den Augen Ihres Kindes an Glaubwürdigkeit. Ihre Drohungen werden leer.

## Welche Alternativen gibt es zu emotionaler Erpressung?

Wenn Sie Ihrem Kind sagen möchten, dass es etwas tun soll oder wie es zu tun ist, ist es am besten, ihm dabei zu helfen oder es bei der Erledigung der Aufgabe zu begleiten. Das ist weitaus besser als zu schreien oder Befehle vom Sofa aus zu erteilen. Für ältere Kinder besteht die beste Lehrmethode darin, dass Sie mit gutem Beispiel vorangehen. Wenn Sie wollen, dass Ihre Kinder das machen, was Sie möchten, lassen Sie sie Ihre Handlungen und Ihre Einstellung nachahmen. Geben Sie ihnen etwas Positives zum Imitieren.

Kinder sind keine Roboter. Nur Roboter und Maschinen reagieren auf unsere Befehle, wenn wir sie das erste Mal äußern. Es kann also sein, dass Sie Ihre Bitte mehr als einmal wiederholen müssen, damit Ihr Kind sie ausführt. Wenn Kinder etwas hinauszögern, ist es nicht immer Faulheit oder eine bewusste Handlung, die Sie wütend machen soll. Kinder brauchen Zeit, um zu lernen und sich an Dinge zu erinnern. Lassen Sie sie dies also in ihrem eigenen Tempo tun.

## Schwierige versus toxische Eltern

Schwierige Eltern sind sehr vorsichtig und können ihr Kind zu einem ähnlichen Verhalten veranlassen. Toxische Eltern hingegen sind der Persönlichkeitsentwicklung und Charakterbildung ihres Kindes eher entgegengesetzt.

Ein Elternteil ist nicht automatisch toxisch, wenn er oder sie

- gelegentlich etwas launisch ist.
- unter finanziellem, familiärem oder beziehungsbedingtem Stress leidet.
- mit seiner oder ihrer Arbeit ausgelastet ist.
- für seine oder ihre Kinder physisch oder emotional unzugänglich ist.

- sich verbittert oder verärgert darüber fühlt, durch das Elternsein eingeschränkt zu sein.

Ein solcher Elternteil ist dem Kind gegenüber emotional nachlässig, aber nicht unbedingt toxisch.

Hier sind einige Fragen, die Sie sich über das Verhalten Ihrer eigenen Eltern stellen sollten. Wenn dieses Verhalten konsequent und chronisch ist, könnten Sie mit ihnen in einer toxischen Beziehung stehen.

- Überreagieren Ihre Eltern oder machen sie wegen Kleinigkeiten eine Szene?
- Erpressen sie Sie emotional?
- Stellen sie häufige oder unangemessene Forderungen?
- Versuchen sie, Sie zu kontrollieren?
- Kritisieren sie Sie oder vergleichen sie Sie mit anderen?
- Hören sie Ihnen mit Interesse zu?
- Geben sie Ihnen oft die Schuld?
- Übernehmen sie Verantwortung für ihr Verhalten oder entschuldigen sie sich?
- Respektieren sie Ihre körperlichen und emotionalen Grenzen?
- Respektieren sie Ihre Gefühle und Bedürfnisse?
- Beneiden sie Sie?

## Die Gründe für toxisches Verhalten der Eltern

Der wichtigste Anlass für toxisches Verhalten von Eltern ist im Grunde die Wiederholung dessen, was sie selbst als Kind erlebt haben. Was sie von ihren Eltern gelernt und nachgeahmt haben, wird nun in Form von Missbrauch an ihre eigenen Kinder weitergegeben.

Da sie nicht über genügend Selbstbewusstsein, Kenntnisse und Fähigkeiten verfügten, um diese unproduktiven Muster zu ändern, fuhren sie mit dem gleichen Erziehungsstil fort. Auch die Tatsache, dass sie selbst als Kind toxischen Missbrauch erlitten haben, hat sie möglicherweise mit einer Persönlichkeitsstörung oder einer psychischen Störung belastet, was ihre Fähigkeit beeinträchtigt, ihre eigenen Kinder richtig zu erziehen.

Wenn Menschen, die inzwischen Eltern sind, in ihrer Kindheit von emotionaler Erpressung traumatisiert wurden, fehlt es ihnen möglicherweise an Einfühlungsvermögen und Rücksicht für die Bedürfnisse ihres Kindes. Die Verletzlichkeit ihres Kindes löst bei den Eltern emotionale Unsicherheiten aus, denen sie sich nicht stellen können und sie bestrafen das Kind dafür, dass es „Schwäche" zeigt.

Auf dem anderen Wirkungsspektrum der toxischen Elternschaft stehen diejenigen, die eine scheinbar gute Kindheit hatten, aber „verhätschelt" und verzogen wurden. Sie wurden übermäßig verwöhnt und mussten nie auf etwas warten, was sie wollten.

Solche Menschen wuchsen in dem Glauben auf, dass ihre Bedürfnisse an erster Stelle stehen. Ihre Bedürfnisse sind den Bedürfnissen anderer übergeordnet und sie verdienen es, Macht über andere zu haben. Sie sind der Meinung, dass sie besondere Aufmerksamkeit, Privilegien und Belohnungen erhalten sollten, weil sie anderen überlegen sind.

## Anzeichen und Symptome von toxischen Eltern

Toxische Eltern stellen ihre Gefühle und Bedürfnisse an die erste Stelle. Sie sind egozentrisch und glauben, im Mittelpunkt der Aufmerksamkeit zu stehen. Sie zeigen in der Regel ein unberechenbares, unvorhersehbares und beängstigendes Verhalten. Aufgrund dieser Faktoren können sie ihren Kindern kein sicheres und geschütztes Umfeld bieten.

Sie können nicht akzeptieren, dass ihr Kind manchmal scheitern könnte, weil dies in ihren Augen ein negatives Bild von ihnen widerspiegelt. Das Versagen ihres Kindes beschämt sie und sie bestrafen das Kind dafür, dass sie sich schlecht fühlen. Sie sind eifersüchtig und neidisch, wenn jemand ihr Kind bevorzugt oder schätzt. Aus Neid können sie auch mit Gewalt auf das Aussehen oder das Talent des Kindes reagieren.

Toxische Eltern betrachten ihr Kind als ein „Objekt", auf das sie sich emotional, physisch, praktisch und finanziell verlassen können.

Es ist schwierig für das Kind, wenn nicht gar unmöglich, einem solchen Elternteil zu gefallen oder ihn zufriedenzustellen. Wie sehr sich die Kinder auch bemühen, sie sind nicht in der Lage, den Erwartungen des Elternteils gerecht zu werden. Ein Kind solcher Eltern fühlt sich unterdrückt und bedrängt. Seine körperlichen und emotionalen Bedürfnisse werden vernachlässigt. Häufig fühlen sich die Bedürfnisse des Kindes wie eine Last für den toxischen Elternteil an. Ein solcher Elternteil wird das Kind demütigen, verspotten, ignorieren oder bestrafen, wenn es weint oder sich nach Fürsorge und Aufmerksamkeit sehnt.

Toxische Eltern interessieren sich nicht dafür, was ihr Kind zu sagen hat. Die Gefühle und Meinungen des Kindes werden völlig ignoriert. Toxische Eltern schaffen zu Hause eine strenge Atmosphäre von Spannung und Angst.

Mit dem Kind „Psycho-Spiele" zu spielen, ist die zweite Natur toxischer Eltern. Sie werden Lügen erzählen und widersprüchliche Botschaften aussenden, um das Kind zu verwirren und zu manipulieren. Sie schikanieren ihr Kind mental und emotional. Da das Kind unreif ist und über wenig angeborene Begabungen für Argumentation, Rationalität und Logik verfügt, ist es unfähig, die Motive und das Verhalten der Eltern zu hinterfragen und infrage zu stellen. Das Kind wagt es, aus Angst vor den harten Konsequenzen, nicht, die Eltern herauszufordern.

Toxische Eltern zeigen passiv-aggressives Verhalten, indem sie die Bitten und Kommentare des Kindes ignorieren. Selbst wenn sie dem Kind etwas versprechen, halten sie das Versprechen nie.

Wenn das Verhalten toxischer Eltern infrage gestellt wird, können diese aggressiv und gewalttätig werden oder das Kind anschweigen. Toxische Eltern präsentieren sich als Opfer und versuchen, andere dazu zu bringen, ihnen zu glauben und sich gegen das Kind und auf ihre Seite zu stellen.

Toxische Eltern sind im Verhandlungsmodus gefangen. Sie sind nur dann bereit, etwas für das Kind zu tun, wenn es ihren Launen und Hirngespinsten zustimmt. Der toxische Elternteil muss sich mächtig fühlen und Kontrolle über die Gedanken, Emotionen, Worte und das Verhalten des Kindes haben. Toxische Eltern unterdrücken den authentischen Gefühlsausdruck des Kindes und sagen dem Kind sogar, dass es falsch sei, Gefühle zu haben.

Schuldgefühle und emotionale Erpressung sind die bevorzugten Waffen, um das Kind dazu zu bringen, sich ihnen anzupassen. Toxische Eltern sind oft sehr kritisch und hinterfragen die Aktivitäten des Kindes mit Sarkasmus, Schuldzuweisungen und beschämenden Kommentaren. Toxische Eltern respektieren selten die persönlichen Grenzen ihres Kindes oder dringen in diese ein. Sie haben selbst schwache Grenzen und vermeiden es, Entscheidungen zu treffen oder ihrem Kind angemessene Instruktionen zu geben.

Toxische Eltern spielen die Doppelrolle des Märtyrers und des Hassers. Irgendwann werden sie sagen: „Wie kannst du mich so behandeln? Ich habe doch so viel für dich getan." Auf der anderen Seite werden sie sagen: „Ich wünschte, du wärst nie geboren worden. Du hast mein Leben ruiniert."

Toxische Eltern mit zwei oder mehr Kindern werden diese gegeneinander ausspielen. Sie werden unterschiedlich behandelt, doch für keines von ihnen auf eine vorteilhafte Weise.

Toxische Eltern können ihr Kind auch körperlich und sexuell misshandeln.

## Wie geht man mit toxischen Eltern um?

Seien wir ehrlich. Manche Menschen sind so gefährlich, so manipulativ und so auszehrend, dass man sich besser von ihnen fernhalten sollte. Aber was ist, wenn diese Menschen Ihre Eltern sind? Ist es wirklich möglich, den Kontakt zu ihnen abzubrechen?

Nein! Deshalb raten zwei Fachleute für psychische Gesundheit - Justin Shubert, Gründer der Silver Lake Psychotherapie, und Rebekah Tayebi, klinische Therapeutin und Familienpädagogin - zu folgenden Maßnahmen, um mit dieser Art von Situation umzugehen.

### *Stellen Sie fest, ob Ihre Eltern tatsächlich toxisch sind*

Das Verhältnis zu Ihren Eltern kann nicht immer rosig sein. Es wird Momente des Streites geben, in denen Sie oder Ihre Eltern Fehler machen. Ihre Mutter mag Ihr T-Shirt nicht oder stellt Ihnen Fragen. Sie könnte etwas Kritisches sagen, das Ihnen unter die Haut geht. Vielleicht benimmt sie sich unzählige Male so, wie Sie es nicht wollen und Sie haben das Gefühl, als würden Sie mit dem Kopf durch die Wand gehen wollen.

All diese Dinge weisen auf eine schlechte Beziehung, nicht aber auf ein toxisches Verhältnis hin.

Toxisch heißt, dass die Bedürfnisse der Eltern über einen längeren Zeitraum hinweg über den Bedürfnissen des Kindes stehen. Toxische Eltern haben extreme Schwierigkeiten, ihre Emotionen zu regulieren oder im richtigen Ton zu kommunizieren. Folglich verschärfen sich alle Gespräche sofort wieder. Die Situationen werden auch zunehmend unvorhersehbar. Die Psychotherapeuten raten Ihnen, sich zu fragen: Haben Sie das Gefühl, in der Nähe Ihrer Eltern atmen zu können? Oder ersticken Sie ständig in ihrer Gegenwart, weil Sie nicht Sie selbst sein können und sich unter Druck gesetzt fühlen, das zu tun, was Ihre Eltern wollen, um deren Zuspruch zu erhalten?

## Verstehen Sie, dass klassische Grenzen bei toxischen Eltern überschritten werden

In toxischen Familiensystemen zeigt sich, dass die Kinder auf die Bedürfnisse ihrer Eltern eingestellt sind. Die typische Eltern-Kind-Beziehung ist umgedreht und es herrscht große Verwirrung darüber, welche Grenzen gesetzt werden sollen.

Beispielsweise kann ein Elternteil eine toxische Beziehung zum Ehepartner haben. Die beiden reden und streiten sich vor den Kindern, anstatt Ihre Angelegenheiten hinter verschlossenen Türen zu klären. Infolgedessen werden auch die Kinder in die elterliche Unstimmigkeit einbezogen und beginnen, sich auf die Seite des einen oder anderen Elternteils zu stellen.

Toxische Eltern sind so in ihre eigenen Bedürfnisse, Dramen und Abhängigkeiten vertieft, dass ihre Kinder nie lernen, sie selbst zu sein.

## Wählen Sie eine Floskel, um das Gespräch umzuleiten

Für Kinder ist es sehr einfach, das gestörte Verhalten ihrer Eltern aufzugreifen und nachzuahmen. Deshalb ist es entscheidend, die negativen Muster im Verhalten der Eltern zu erfassen und, wenn möglich, das Gespräch umzuleiten. Sie können dies tun, indem Sie die Art des Verhaltens und die Grenzen so verändern, wie Sie es gerne hätten.

Wenn zum Beispiel die Haltung Ihrer Mutter überheblich wird, können Sie sagen: „Mama, ich verstehe, dass es wirklich schwer für dich ist. Aber ich fühle mich jetzt ziemlich angegriffen."

So bestätigen Sie die Gefühle Ihrer Eltern und erzählen ihnen gleichzeitig, was Sie durch sie erfahren. Sie teilen ihnen mit, dass Sie sich übergangen, unterdrückt oder ängstlich fühlen und eine Pause vom Gespräch brauchen.

Üben Sie diese Reaktionen im Voraus, damit Sie sie als Ihr rettendes Mantra zur Bewältigung der Situation verwenden können.

Ihre Eltern respektieren vielleicht Ihre Grenze nicht, aber es ist viel gesünder für Sie, ihrer Manipulation nicht nachzugeben.

### Haben Sie einen Plan und ein Unterstützungssystem, auf das Sie sich verlassen können

Manchmal ist es sicherer und angenehmer, bei Freunden zu bleiben als bei der Familie. Das Einhalten eines Sicherheitsabstandes kann Ihnen einen Rückzugsraum geben. Erstellen Sie einen Plan Ihrer Aktivitäten, damit Sie möglichst wenig Zeit mit Ihrem toxischen Elternteil verbringen müssen. Folgendes hilft Ihnen, Grenzen zu setzen und zu entscheiden:

- Wie viele Tage wollen Sie mit ihnen verbringen?
- Wollen Sie wirklich bei ihnen bleiben oder nicht?
- Wenn Sie bei ihnen bleiben möchten, wollen Sie jemanden mitbringen?
- Wie viel Zeit pro Tag möchten Sie mit ihnen verbringen?
- Haben Sie einen Rettungsplan für den Fall, dass es schlimmer wird?

Wenn Sie im Voraus über diese Dinge nachdenken, verhindern Sie, dass Sie in den alten Teufelskreis des Opfers und des Bedauerns geraten.

Teilen Sie Ihrem sozialen Unterstützungssystem mit, wie sie Sie unterstützen können und welche Art der Unterstützung Sie sich wünschen. Anstatt Ihre Situation nur einem engen Freund zu schildern, sollten Sie Ihre Freunde darauf vorbereiten, was in Anwesenheit Ihrer Eltern auf Sie zukommen könnte. Sagen Sie ihnen klar und deutlich, was Sie von ihnen erwarten.

### Erlauben Sie sich, „Nein" zu sagen

Die meisten Kinder, die in einer toxischen Erziehung aufwachsen, geben ihre eigenen Bedürfnisse zum Wohle ihrer Eltern auf. Sie müssen jedoch bedenken, dass es nicht falsch ist, sich einen Überlebensraum zu schaffen und sich dafür einzusetzen.

Erinnern Sie sich daran, dass Ihre Gefühle ebenso gültig sind wie die Ihrer Eltern und es durchaus Sinn macht, sich selbst den Raum zu geben, den Sie brauchen. Kümmern Sie sich zu diesem Zeitpunkt um Ihre Gefühle und kehren Sie dann ins Familienleben zurück.

## Zusammenfassung des Kapitels

1. In gesunden Familien wird durch Verhandlungen, klar definierte Regeln und gerechte Autorität entschieden. Wenn andererseits entweder Eltern oder Kinder Emotionen als Druckmittel einsetzen, um das Verhalten des jeweils anderen zu kontrollieren, entsteht eine Geiselsituation.

2. Viele Eltern wenden emotionale Erpressung an, weil es der einfachste Weg zu sein scheint, Kinder ohne Protest dazu zu bringen, ihren Befehlen zu gehorchen. Eltern, die auf emotionale Erpressung zurückgreifen, sind oft selbst emotional verunsichert.

3. Emotionale Erpressung bei Kindern verringert ihre Entscheidungsfähigkeit. Sie werden künftig entweder übermäßig abhängig von anderen oder rebellisch sein.

4. Erpressung lehrt Ihrem Kind nicht, Probleme zu lösen oder Dinge zu tun, weil es in seinem Interesse liegt. Zudem verändert sich das Verhalten des Kindes nur vorübergehend.

5. Der beste Weg, Kindern beizubringen, was und wie sie es tun sollen, ist, sie bei der Aufgabe zu begleiten oder mit Ihrem Beispiel voranzugehen.

6. Toxische Eltern greifen auf emotionale Erpressung zurück, weil sie in ihrer Kindheit dasselbe Trauma erlitten haben.

Indizien dafür, dass Sie einen toxischen Elternteil haben, sind:

- Er oder sie ist egozentrisch.
- Er oder sie kann nicht mit Ihrem Scheitern umgehen.

- Er oder sie beneidet Sie.
- Er oder sie lässt sich nie zufriedenstellen, wie sehr Sie es auch versuchen.
- Er oder sie schenkt Ihren Bedürfnissen und Gefühlen keine Beachtung.
- Er oder sie verleitet Sie zu „Psycho-Spielchen" und beschimpft Sie.
- Sie werden von ihm oder ihr mental und emotional schikaniert.
- Er oder sie verhält sich Ihnen gegenüber gewalttätig und aggressiv.
- Er oder sie ist übermäßig kritisch.

Der Umgang mit toxischen Eltern beginnt mit der Feststellung, ob sie tatsächlich toxisch sind oder nicht. Lernen Sie, „Nein" zu ihren unangemessenen Forderungen und Erwartungen zu sagen. Bestimmen Sie Ihre Grenzen und setzen Sie sie durch. Suchen Sie sich Freunde, die Sie unterstützen und auf die Sie sich verlassen können, wenn etwas schiefgeht.

Im nächsten Kapitel werden Sie über folgende Punkte mehr erfahren:

- Erpressung in der Partnerschaft
- Vermeintlich harmlose Tendenzen, die aber emotionaler Erpressung entsprechen
- Die Anzeichen emotionaler Erpressung in Partnerschaften
- Das Leben nach einer toxischen Beziehung
- Der Unterschied zwischen echter Liebe und Anhänglichkeit

# KAPITEL 5:

# Erpressung in der Partnerschaft

## Scheinbar harmlose Dinge, die eigentlich emotionale Erpressung sind

Können Sie gesundes Verhalten Ihres Partners von toxischer Manipulation unterscheiden? Leider ist es leicht, Eifersucht, Besitzergreifung und andere ungesunde Handlungen irrtümlich als Romantik oder Liebe aufzufassen. Experten warnen, dass viele scheinbar harmlose Handlungen in der Liebe emotionale Erpressung sein können. Manchmal ist dies schwer zu erkennen.

Emotionale Erpressung ist eine der wesentlichen Methoden, mit denen ein Partner den anderen kontrolliert, indem er dessen Gefühle in einer Weise beeinflusst, die das Opfer dazu zwingt, das zu tun, was der Erpresser möchte, auch gegen den Willen des Erpressten.

Das kann in vielerlei Formen geschehen. Eine davon ist Sarkasmus. Wenn Sie zum Beispiel Ihren Partner auf die übermäßige Kritik seinerseits hinweisen, wird er mit den Worten antworten: „Es tut mir leid, dass ich so ein schlechter Mensch bin."

Anstatt diese Kritik konstruktiv zu verwenden, benutzt der aktiv erpressende Partner Sarkasmus als manipulative Reaktion, um die Gefühle des anderen zu entkräften und die eigenen zu schützen.

Laut Dr. Kelsey M. Latimer, Gründerin von „Hello Goodlife", sollte emotionale Erpressung niemals ignoriert werden. Sie sollte als emotionaler Missbrauch sehr ernst genommen werden und Sie sollten der Person sofort sagen, wie Sie sich fühlen. Ziehen Sie auch andere hinzu, wenn Sie eine Vorahnung der Gefahr verspüren.

Hier sind einige scheinbar harmlose Dinge, die in Wirklichkeit emotionale Erpressung sind:

### Sie wollen sofort alles über Sie wissen

Es ist großartig, dass sich jemand für Sie interessiert. Es ist aber nicht so großartig, wenn er oder sie versucht, alles sofort zu erfahren und Sie so weit drängt, dass Sie sich dabei unwohl fühlen.

Sie sollten zum Beispiel vorsichtig sein, wenn man Sie zu früh in einer Beziehung nach Ihren Finanzen fragt. Sie können davon ausgehen, dass er oder sie sich um Geld und Stabilität kümmert, aber vielleicht entspringt die Frage auch den falschen Motiven. Besonders wenn Sie gedrängt werden oder Ihnen ein schlechtes Gewissen gemacht wird, weil Sie nicht alle Details preisgeben, handelt es sich um emotionale Erpressung.

In einer solchen Situation ist es wichtig, Grenzen zu setzen. Wenn Sie sich beim Preisgeben der Informationen nicht wohlfühlen, tun Sie es nicht. Eine Person, die Sie liebt, wird Ihre Grenzen respektieren.

### Sie verweisen auf Ihre Fehler

Die eigenen Schwächen ehrlich zuzugeben ist gut, aber es sollte niemals verletzend sein. Wenn Ihr Partner ständig Ihre Schwächen zur Sprache bringt, ist dies emotionale Erpressung. Auch wenn er oder sie diese auf scheinbar harmlose Weise zur Sprache bringt, kann das in Ihrem Kopf Angst und Zweifel auslösen.

Wenn Sie ständig kritisiert werden, fangen Sie an, an diese Worte zu glauben. Sie beginnen, auf sich selbst herabzusehen. Sie werden ein Opfer von emotionaler Erpressung und fühlen sich in einer Beziehung festgefahren, weil Sie Angst haben, dass kein anderer Sie für Ihre Fehler oder trotz dieser lieben wird.

Wenn die Situation diesen Punkt erreicht, handelt es sich um einen eindeutigen Fall von emotionaler Misshandlung und Sie sollten nicht zweimal darüber nachdenken, eine solche Beziehung zu beenden.

### Sie versuchen, Sie nach einem Streit zu bestrafen

Es ist nicht unüblich, mit seinem Partner zu streiten. Aber wenn Ihr Partner nach dem Streit stundenlang wegbleibt, ohne zu sagen, wo er sich aufhält, ist das ein Zeichen für emotionalen Missbrauch. Er bestraft Sie für die Meinungsverschiedenheit, indem er Sie absichtlich beunruhigt oder verängstigt.

Nach dem Streit um Abstand zu bitten, ist in Ordnung. Aber wenn jemand dies absichtlich tut, um seinen Partner zu bestrafen, ist das eine emotionale Erpressung. Wenn dies zum ersten Mal geschieht, gehen Sie ruhig auf Ihren Partner zu und erklären Sie ihm Ihren psychischen Zustand. Befinden Sie sich in einer gesunden Beziehung, wird Ihr Partner dafür sorgen, dass es nicht wieder vorkommt.

### Sie werden Sie auf die Probe stellen

Ein gesundes Verhältnis ist ein ausgewogenes Verhältnis. Sie müssen nicht bis zum Äußersten gehen, um Ihrem Partner zu gefallen. Wenn Sie sich zum Beispiel danach sehnen, mit Ihrem Partner in den Urlaub zu fahren, er aber darauf beharrt, dass er dies nur unter der Bedingung tun wird, dass Sie Kleider seiner Wahl tragen, dann ist das emotionale Erpressung. Es zeigt, dass er Sie nicht in seiner Welt willkommen heißt, wenn Sie seinen Forderungen nicht nachkommen.

Es handelt sich um Kontrollverhalten, das die Beziehung ungesund macht.

### Sie führen Strichlisten

Wenn Ihr Partner ein emotionaler Erpresser ist, wird er alles daran setzen, Dinge für Sie zu tun, aber keine seiner Handlungen ist selbstlos. In der Tat wird er es immer und immer wieder zur Sprache bringen, um Sie an die Opfer zu erinnern, die er für Sie erbracht hat. Er wird die guten Taten wieder aufgreifen, damit Sie sich schuldig fühlen und er bekommt, was er will.

### *Sie wenden sich mit allem an Sie*

Es ist ein schönes Gefühl, von Menschen gebraucht zu werden, aber wenn jemand anfängt, Aussagen zu machen, wie: „Du bist der einzige Mensch, auf den ich mich verlassen kann", oder „Du bist der einzige Mensch in meinem Leben", dann sollten die Alarmglocken läuten. Niemand sollte Sie für sein Glück verantwortlich machen oder Sie als Werkzeug benutzen, um seine Probleme unter Kontrolle zu bekommen.

### *Sie wollen Ihr Ein und Alles sein*

Wenn Sie für den emotionalen Erpresser die ganze Welt bedeuten, erwartet er umgekehrt dasselbe von Ihnen. Er möchte, dass Sie sich für alles, was Sie brauchen, an ihn wenden. Tatsächlich werden sie alles tun, was sie können, um dies zu gewährleisten. Auch wenn es harmlos erscheint, ist es eine Falle. Wenn Sie außer ihm niemanden haben, an den Sie sich wenden können, kann er Sie leicht kontrollieren.

Wichtig dabei ist, sich dieser Warnsignale in Beziehungen bewusst zu sein. Es ist leicht, diese Dinge als unschuldig abzutun und sie zu idealisieren. Aber wenn Sie sich in einer solchen Situation der Manipulation befinden, sollten Sie Ihren Partner konfrontieren und ihm sagen, wie Sie sich fühlen. Verwenden Sie „Ich"-Aussagen, ohne Ihrem Partner Schuld zuzuweisen.

Sollten Sie dennoch nicht in der Lage sein, das Problem zu lösen, erwägen Sie, die Beziehung zu beenden, denn Beziehungen, die von diesen Methoden dominiert werden, sind ungesund und emotional anstrengend.

## Sechs Warnzeichen der emotionalen Erpressung in einer Partnerschaft

Wissen Sie, wann sich eine liebevolle Beziehung in eine emotionale Erpressung verwandelt? Achten Sie auf diese Zeichen:

1. Manipulation Ihrer Entscheidungen und Entschlüsse, indem der Erpresser negativ auf sie reagiert

2. Sie werden eingeschüchtert, bis Sie tun, was Ihr Partner oder Ihre Partnerin verlangt.

3. Ihnen wird die Schuld gegeben für Dinge, die Sie nicht getan haben, sodass Sie sich schlecht fühlen und gezwungen sind, den Forderungen nachzugeben.

4. Ihr Partner wirft Ihnen etwas vor, das Sie nicht getan haben.

5. Ihr Partner spielt das Opfer und dramatisiert sein Leiden öffentlich, bis Sie dem zustimmen, was er will.

6. Er droht damit, Ihnen oder sich selbst zu schaden, um Sie dazu zu bringen, das zu tun (oder zu unterlassen), was er will.

Menschen, die diese Techniken zur Kontrolle einsetzen, tun dies oft in Zyklen. Manchmal werden Sie das Gefühl haben, dass es Zeiten gibt, in denen alles normal ist, in denen es kein Schuldgefühl oder keinen Druck gibt, die Dinge auf bestimmte Weise zu tun. Solche Menschen sind jedoch verunsicherte Individuen. Wenn sie sich in einer Situation außer Kontrolle oder unsicher zu fühlen, beginnen sie, den Druck der Manipulation auf Sie zu verstärken.

Wenn Sie ein Opfer dieser Art von Manipulation durch Ihren Partner sind, suchen Sie sofort Hilfe bei einem Berater oder einer Beraterin. Neben der Beratung durch einen Therapeuten sollten Sie diese drei entscheidenden Schritte vornehmen:

1. Setzen Sie sich selbst klare Grenzen und lassen Sie nicht zu, dass Ihre Entscheidung von der negativen Haltung Ihres Partners beeinflusst wird. Nachgeben verschlechtert die Situation bloß noch mehr.

2. Wenn Ihr Partner Ihnen mit körperlichem Schaden droht, entfernen Sie sich umgehend aus der Situation und setzen Sie die Behörden in Kenntnis. Halten Sie sich auf keinen Fall in einer gefährlichen Situation auf, weil Sie den Verlust Ihrer persönlichen Gegenstände befürchten.

3. Bitten Sie Freunde oder Familie um Hilfe.

Denken Sie jedoch daran, dass viele Menschen ein gewisses Maß an emotionaler Unsicherheit aufweisen. Und nicht jeder unsichere Mensch wird sich in ein Monster verwandeln. Manchmal braucht Ihr Partner nur eine einfache Zusicherung von Ihrer Seite. Aber wenn Beruhigungen nicht ausreichen und Sie sich von Ihrem Partner mehr und mehr manipuliert fühlen, sind das die Alarmzeichen für psychologischen Missbrauch. Achten Sie also auf diese Warnzeichen.

## Hegen Sie aufrichtige Liebe zu Ihrem Partner?

Liebe ist eine komplizierte Sache. Anhänglichkeit kann leicht mit Liebe verwechselt werden. Nachfolgend sind jedoch ein paar Unterschiede zwischen Anhänglichkeit und echter Liebe aufgeführt, die Ihnen helfen werden, Ihre Beziehungen besser zu verstehen.

### *Liebe ist selbstlos, Anhänglichkeit ist selbstsüchtig*

Wenn man verliebt ist, konzentriert man sich darauf, seinen Partner glücklich zu machen. Sie denken immer daran, wie Sie dafür sorgen können, dass sich Ihr Partner geliebt und erfüllt fühlt. Man behält nicht im Auge, wer mehr hilft und man streitet nicht darüber, wer den Abwasch macht. Sie üben weder Druck auf den Partner aus noch versuchen Sie, die Beziehung zu dominieren.

Auf der anderen Seite führt Anhänglichkeit dazu, dass Sie sich auf sich selbst konzentrieren und darauf, wie der Partner Sie glücklich machen kann. Sie werden stark von Ihrem Partner abhängig und versuchen sogar, ihn aus Angst vor dem Verlassenwerden zu kontrollieren. Sie schauen zu Ihrem Partner auf, um Ihr Selbstwertgefühl zu verbessern und die Leere in Ihnen zu füllen. Sie machen ihn für Ihr Glück verantwortlich und sind frustriert, wenn er Sie nicht zufriedenstellt.

### *Liebe macht frei, Anhänglichkeit kontrolliert*

Wahre Liebe erlaubt Ihnen, Sie selbst zu sein. Wenn Ihr Partner Sie liebt, wird er Sie mit Ihren Stärken und Schwächen akzeptieren und Sie ermutigen, so zu sein, wie Sie wirklich sind. Wahre Liebe hilft, gegenseitiges Vertrauen zu schaffen und wirkt als Katalysator für das persönliche Wachstum. Wenn Ihr Partner Sie so akzeptiert, wie Sie sind und Sie ermutigt, Ihre Träume zu verfolgen, werden Sie nie das Bedürfnis verspüren, sein Leben zu kontrollieren.

Anhänglichkeit hingegen fördert Kontrollmuster. Sie oder Ihr Partner können sich gegenseitig davon abhalten, Zeit mit Freunden zu verbringen oder sich gegenseitig manipulieren, unabhängig von den eigenen Gefühlen.

### *Liebe ist gegenseitiges Wachstum, Anhänglichkeit behindert Wachstum*

Wie bereits erwähnt, entwickelt Liebe gegenseitiges Vertrauen, was wiederum zum Wachstum beider beteiligter Partner beiträgt. Sie hilft Ihnen beiden, die beste Version Ihrer selbst zu werden. Kurz gesagt: Ihr Partner stimuliert Ihr Wachstum und Sie tun dasselbe für sein Wachstum.

Anhänglichkeit behindert sowohl Ihr eigenes Wachstum als auch das Ihres Partners. Da Sie bei der Lösung Ihrer Probleme zu sehr von ihm abhängig sind und versuchen, ihn zu kontrollieren, behindert es auch sein Wachstum. Es ist nicht überraschend, dass es dadurch schwierig wird, einander auf gesunde Weise zu lieben.

### *Liebe ist beständig, Anhänglichkeit ist von kurzer Dauer*

Liebe ist immerwährend. Selbst wenn Sie und Ihr Partner sich vorübergehend oder dauerhaft trennen, wird er weiterhin einen Platz in Ihrem Herzen haben und Sie werden sich gegenseitig immer das Beste für ihr Leben wünschen.

Haben Sie andererseits lediglich an ihm festgehalten, werden Sie nach der Trennung Groll gegen ihn hegen. Sie werden ihm Verrat unterstellen, weil Sie ihn für Ihr Glück verantwortlich gemacht haben.

### *Liebe schwächt das Ego, Anhänglichkeit stärkt es*

Eine liebevolle Beziehung fördert Ihr Wachstum, macht Sie fürsorglicher und weniger egoistisch. Eine solche Beziehung fördert positive Veränderungen bei beiden Partnern, ermutigt beide, sich über ihre Schwächen und Verwundbarkeiten zu öffnen und frei von der Seele zu reden.

Alternativ dazu sind Beziehungen, die auf Anhänglichkeit beruhen, Ego-Booster. Anhänglichkeit erzeugt Abhängigkeit von Ihrem Partner und Sie haben das Gefühl, dass Sie ohne ihn nicht glücklich sein können. Sie sind von Ihrer besseren Hälfte abhängig, um Ihre Probleme zu lösen oder damit sie Ihnen hilft, diese Probleme zu vergessen.

## Der Umgang mit emotionaler Erpressung in Beziehungen

Wenn Sie es mit emotionaler Erpressung durch einen geliebten Menschen zu tun haben, werden Sie sich frustriert und gefangen fühlen. Aber die Dinge können besser werden, wenn Sie die folgenden Schritte vornehmen:

## Schritt 1: Erkennen Sie emotionale Erpressung

Ein emotionaler Erpresser, selbst wenn es jemand ist, der Ihnen nahe steht, gewinnt die Oberhand über Sie, weil Sie seine Taktik nicht kennen. Infolgedessen geben Sie den Forderungen dieser Person nach und lassen sich weiter von ihr manipulieren.

Daher ist es entscheidend, emotionale Erpressung zu erkennen, bevor Sie sich mit ihr befassen können. Achten Sie auf Drohungen oder Sanktionen, wenn Sie nicht tun, was die Person will. Das kann der Entzug von Zuneigung sein und dazu führen, dass Sie sich in einer Beziehung unsicher fühlen.

Erpresser können beispielsweise sagen: „Wenn du nicht mit mir in dieses Haus einziehen willst, ist das völlig in Ordnung. Ich wusste, dass diese Beziehung nirgendwohin führen würde." Solch eine Aussage wird Sie dazu bringen, die Beziehung zu überstürzen, um nicht das Risiko einzugehen, die Beziehung zu verlieren.

Erwägen Sie, dass der Erpresser droht, sich selbst zu verletzen, wenn Sie nicht tun, was er sagt.

Ein Beispiel: Ihr Mann könnte sagen: „Ich weiß, dass du mich nicht liebst oder dich nicht um mich kümmerst, ansonsten würdest du mir das Geld nicht verweigern. Ich bin ein so schlechter Ehemann. Ich verdiene es, nicht mehr zu leben."

Seien Sie aufmerksam, wenn Ihr Partner versucht, Ihnen grundlos Schuldgefühle einzureden. Der Erpresser kann versuchen, Sie zu beschuldigen, ihn verletzt zu haben, obwohl Sie nichts getan haben. Seien Sie vorsichtig. Wenn diese Schuld Sie dazu treibt, Dinge für den Erpresser zu tun, kann es sich um eine emotionale Erpressung handeln.

Aussagen, wie zum Beispiel „Du tust nie, was ich will", oder „Meine Freunde sagen, dass du mich vernachlässigst", können dazu führen, dass Sie sich schuldig fühlen.

Seien Sie achtsam, wenn Ihr Partner an Ihr Pflichtgefühl zu appellieren versucht. Wenn Sie in einer Beziehung sind, haben Sie eine Verantwortung gegenüber Ihrer Familie, Ihren Freunden und Ihrem Partner. Versucht Ihr Partner jedoch, Ihnen Verantwortung aufzuerlegen, die Sie nicht annehmen wollen, versucht er, Sie zu manipulieren. Auf diese Weise versucht der Erpresser, Sie davon zu überzeugen, eine Rolle oder Verantwortung zu übernehmen, die nicht Ihre ist.

Ein Beispiel: Ihre Nachbarin bittet Sie vielleicht darum, kostenlos auf ihre Kinder aufzupassen.

Hüten Sie sich vor ihrer Strategie der Schuldzuweisung. Schuldzuweisungen sind eine Form der emotionalen Manipulation, um Sie dazu zu bringen, das zu tun, was der Erpresser von Ihnen verlangt. Er wird Ihnen Dinge vorwerfen, die Sie nicht getan haben.

Ein Beispiel: Ihre Frau hat aufgrund ihrer eigenen unachtsamen Haltung ihren Job verloren. Sie könnte Ihnen jedoch die Schuld geben, indem sie sagt: „Ich habe meinen Job verloren, weil du mir nie bessere Arbeitskleidung gekauft hast."

Werden Sie hellhörig, wenn Ihr geliebter Mensch seine Bedürfnisse über Ihre eigenen stellt. Das zeigt, dass er sich nur um sich selbst kümmert und deshalb erwartet er, dass Sie seine Bedürfnisse in den Vordergrund stellen.

Ein Beispiel: Ihr Partner bittet Sie, Ihre Arbeit zu unterbrechen, um sich seine Probleme anzuhören. Andererseits ist Ihr Partner aber nicht bereit, sich Zeit für Ihre Probleme zu nehmen.

### *Schritt 2: Definieren Sie Ihre Grenzen*

**Geben Sie ihm nicht, was er möchte**

„Ja" zu den Forderungen des Manipulators zu sagen, wird sein Verhalten verstärken. Selbst wenn die Drohung ernst erscheint, bleiben Sie standhaft. Wenn er Sie weiterhin bedrängt, treten Sie zurück und nehmen Sie sich einen Moment Zeit für sich selbst. Bitten Sie einen Freund oder einen Verwandten um Unterstützung.

Seien Sie empathisch gegenüber seiner Situation, aber geben Sie seinen Forderungen nicht nach. Wenn er Ihnen zu schaden droht, rufen Sie Hilfe. Wenn er droht, sich etwas anzutun, rufen Sie Hilfe und bleiben Sie bei ihm. Erkundigen Sie sich danach, wie er sich in diesem Moment fühlt.

Nehmen Sie die Kommentare nicht persönlich. Ignorieren Sie bestimmte Dinge, die er sagt, um Aufmerksamkeit zu erregen, indem Sie Ihre Seite des Gespräches weiterführen, als ob nichts wäre.

**Bitten Sie ihn, seine Absichten darzulegen**

Dies wird Ihnen helfen, unangemessene Absichten festzustellen, ohne ihn zu beschuldigen oder anzuklagen. Es zwingt den Manipulator auch, klar zu formulieren, was er will und ermöglicht es Ihnen, ihn anzusprechen, ohne sich über seine emotionale Drohung Gedanken machen zu müssen.

**Sagen Sie klar und deutlich, was Sie akzeptieren werden und was nicht**

Wenn Sie Ihre Grenzen setzen und anderen davon erzählen, geben Sie ihnen Leitlinien an die Hand, wie sie sich in Ihrer Umgebung verhalten sollen. Sagen Sie ihnen unmissverständlich, dass Sie keine Manipulationstaktiken akzeptieren werden. Wenn sie etwas wollen, sollten sie es Ihnen stattdessen klar und deutlich mitteilen.

Sie könnten sagen: „Ich werde dir nicht zuhören, wenn du schreist und mich anbrüllst. Ich werde den Raum verlassen. Ich bin jedoch bereit zuzuhören, wenn du in einem leisen, ruhigen Tonfall sprichst."

**Nehmen Sie die Gewaltandrohungen ernst**

Es ist wichtig, dass Sie die Gewaltdrohungen des Erpressers ernst nehmen und um Hilfe rufen, unabhängig davon, ob er Ihnen oder sich selbst zu schaden droht. Wenn die Drohung auf Sie gerichtet ist, entfernen Sie sich unverzüglich aus der Situation und rufen Sie gegebenenfalls die Polizei.

**Übernehmen Sie nicht die Verantwortung für die Gefühle und Handlungen des Erpressers**

Solche Menschen geben Ihnen die Schuld, damit Sie sich schlecht fühlen und sie tun so, als seien Sie für ihre Gefühle und Handlungen verantwortlich. Die Wahrheit ist, dass jeder für seine eigenen Gefühle verantwortlich ist.

Sie könnten zum Beispiel versuchen, Ihnen die Schuld für ihre schlechte Laune zu geben und erwarten, dass Sie sie in Ordnung bringen. Obwohl nichts falsch daran ist, jemanden aufzumuntern, sollte diese Person Sie nicht dazu manipulieren. Ihre Verantwortung sollte sich nicht nur darauf beschränken. Sie könnten sich in sie hineinversetzen und sagen: „Es tut mir Leid, dass du einen schlechten Tag hattest. Ich kann das nicht ändern, aber ich würde gerne einen schönen Abend mit dir verbringen."

**Seien Sie konsequent, wenn Ihre Grenzen überschritten werden**

Es ist wichtig, seine Grenzen zu definieren, aber ebenso ist es von Bedeutung, über die Konsequenzen zu entscheiden, wenn jemand diese Grenzen überschreitet. Emotionale Erpresser werden versuchen, Ihre Regeln zu testen. Sie müssen also standhaft bleiben und das tun, was Sie sich vorgenommen haben, wenn die Erpresser Ihre Regeln gebrochen haben.

Wenn Sie gesagt haben, dass Sie die Polizei rufen würden, wenn Sie gewaltsam bedroht werden, dann ziehen Sie es durch. Dadurch machen Sie den Erpressern klar, dass Ihre Regeln echt sind und sie werden sie respektieren. Andernfalls werden weder Sie noch Ihre Grenzen anerkannt und Sie werden sie zu weiteren Manipulationen ermutigen.

### Ziehen Sie sich zurück, wenn das Problem gravierend ist

Werden Sie weiterhin von Ihrem geliebten Menschen unter Druck gesetzt, wird dies Ihre emotionale Gesundheit beeinträchtigen. Es ist also am besten, sich zu schützen und sich einige Zeit zurückzuziehen. Das wird dem Erpresser auch klar machen, dass Sie manipulatives oder schlechtes Verhalten nicht tolerieren werden.

## *Schritt 3: Konfrontieren Sie die Person*

### Stellen Sie die erpressende Person zur Rede, wenn sie mit Schuldzuweisungen beginnt

Sagen Sie der Person, dass Sie keine Verantwortung für ihr Handeln übernehmen werden. Bitten Sie sie, die Verantwortung für ihre Taten selbst zu übernehmen und ermutigen Sie sie, ihre Probleme konstruktiv zu lösen.

Sie können sagen: „Es ist nicht meine Schuld, dass du dein Telefon vergessen hast. Es tut mir leid, dass du heute ohne dein Telefon im Büro warst, aber du musst die Verantwortung für dein Missgeschick übernehmen."

### Drücken Sie Ihre Gefühle über das Verhalten des Erpressers aus

Da sich emotionale Erpresser primär auf ihre eigenen Gefühle konzentrieren, merken sie vielleicht nicht, dass sie Sie verletzen. Daher ist es Ihre Pflicht, ihnen zu sagen, wie sich ihre Handlungen auf Sie auswirken. Verdeutlichen Sie, dass Sie das Opfer sind und nicht die Erpresser.

### Nehmen Sie eine nicht defensive Art der Kommunikation an

Wenn Sie die Manipulatoren hingegen beschuldigen oder anklagen, werden sie sich in die Defensive zurückziehen und Sie noch mehr manipulieren. Das macht es schwierig, das Problem zu lösen.

Nehmen Sie also eine nicht defensive Art und Weise an, mit ihnen zu kommunizieren. Zum Beispiel:

- Streiten Sie Vorwürfe nicht sofort ab.
- Erlauben Sie sich beim Sprechen, gegenseitig zu Wort zu kommen.
- Machen Sie ihnen keine Vorwürfe.
- Weisen Sie nicht auf ihre Handlungen hin, um Ihre eigenen zu rechtfertigen.

**Verwendung von „Ich"-Aussagen**

Wenn Sie darauf hinweisen, wie sich der Erpresser verhält, verwenden Sie „Ich"-Aussagen, um den Schwerpunkt darauf zu legen, wie Sie sich fühlen, anstatt ihm die Schuld zu geben. Dadurch verringern Sie das Risiko, dass er in eine Abwehrhaltung gerät und sich aus dem Gespräch zurückzieht.

**Bitten Sie ihn, Ihnen bei der Lösung des Problems zu helfen**

Dadurch erkennt der Manipulator, dass Sie sein Freund und nicht sein Feind sind und er kann auf Ihre Seite wechseln. Es gibt ihm das Gefühl der Sicherheit, wenn Sie ihn nicht angreifen.

Sie können sagen: „Ich weiß, dass wir es schwer hatten, miteinander zu kommunizieren. Ich möchte wirklich ein gutes Verhältnis zu dir aufbauen. Glaubst du, dass wir gemeinsam an einer Lösung arbeiten können?"

### *Schritt 4: Der richtige Umgang mit einer manipulativen Person*

**Erkennen Sie Ihre emotionalen Wundstellen**

Ihre Lieben, vor allem diejenigen, die Ihnen am nächsten stehen, haben eine besondere Fähigkeit, Sie zu manipulieren, weil sie Sie sehr gut kennen. Sie kennen die emotionalen Auslöser, mit denen sie in Ihre Seele blicken können. Diese Auslöser könnten etwa so aussehen:

- Liebe kann dazu benutzt werden, Sie zu erweichen.
- Wut und Apathie
- Kritik, damit Sie sich schuldig fühlen, nicht genug zu tun
- Das Leiden der Person
- Die Hilflosigkeit der Person
- Explosivität, um Ihnen Angst einzujagen

**Hören Sie zu, ohne Ihre Meinung zu ändern**

Manchmal kann ein geliebter Mensch tatsächlich in Not sein. Es hilft, mit ihm darüber zu sprechen und ihm und der Darlegung seiner Gefühle zuzuhören. Man sollte ihm aber nicht unbedingt gleich das geben, was er anstrebt. Sonst kann dies als eine Einladung zur Manipulation verstanden werden.

**Distanzieren Sie sich vor Wutausbrüchen**

Wenn die Handlungen der Person außer Kontrolle geraten, zum Beispiel wenn sie sich in einen Wutanfall hineinsteigern oder Weinkrämpfe bekommen, sollten Sie Abstand von der Situation nehmen. Dieser Mensch will Ihnen durch seine Dramatik ein schlechtes Gewissen einreden und Sie manipulieren. Es ist wichtig, in diesem Moment zu erkennen, dass Sie ihn nicht zu diesem Verhalten veranlassen. Er tut es selbst.

**Wenn sich der Manipulator nett verhält, geben Sie ihm einen Vertrauensbonus**

Leider kann emotionale Erpressung dazu führen, dass Sie dem geliebten Menschen gegenüber skeptisch werden und beginnen, an seinen Absichten zu zweifeln, selbst wenn er nicht manipulativ ist. Ihn der Manipulation zu beschuldigen, wenn er dies gar nicht im Sinne hat, kann Ihrer Beziehung schaden.

**Gutes Verhalten vorleben**

Sie können Ihren Lieben unabsichtlich beibringen, Sie emotional zu erpressen, indem Sie dasselbe mit ihnen tun. Dies gilt besonders für Kinder. Seien Sie stattdessen ein Vorbild für sie, indem

Sie sich so verhalten, wie Sie es gerne hätten. Führen Sie eine gesunde Kommunikation mit ihnen, übernehmen Sie Verantwortung für Ihre Handlungen und befolgen Sie die Familienregeln.

Versuchen Sie zum Beispiel nicht, Ihr Kind zu kontrollieren, indem Sie sagen: „Du hast mir die Stimmung verdorben. Du hast mich traurig gemacht." Vermeiden Sie es, die Spielsachen oder andere Besitztümer Ihres Kindes aus Wut zu zerstören.

**Das Leben nach toxischen Beziehungen**

Wenn schließlich alle Methoden zur Bewältigung einer toxischen Beziehung versagt haben, müssen Sie diese Beziehung beenden. Es ist ganz natürlich, sich danach niedergeschlagen zu fühlen und ein paar Tage lang zu trauern. Manche Menschen erleben jedoch das sogenannte *Posttraumatische Beziehungssyndrom*. Dabei handelt es sich um ein Syndrom, welches sich auf die psychische Gesundheit niederschlägt und nach einem Trauma in einer intimen Beziehung auftritt. Diese Gefühle könnten Sie daran hindern, in Zukunft eine gesündere Beziehung zu finden.

**Anzeichen des Posttraumatischen Beziehungssyndroms**

1. **Angst vor neuen Bindungen**

    Es ist in Ordnung und sogar gesund, sich nach der Auflösung einer schwierigen Beziehung Zeit zu nehmen, bevor man sich auf eine neue Partnerschaft einlässt. Wenn Sie eine neue Beziehung eingehen wollen, es aber nicht schaffen, kann es sein, dass Sie noch unter dem Trauma der letzten Beziehung leiden. Sie haben Selbstzweifel und erleben ein geringes Selbstwertgefühl. Suchen Sie in einem solchen Fall Unterstützung bei Freunden oder sogar bei einem Therapeuten, um herauszufinden, wie Sie das Trauma überwinden und lernen können, wieder zu vertrauen.

## 2. Sich unwürdig und nicht zuversichtlich fühlen

Wenn man sich nach einer Trennung niedergeschlagen und wertlos fühlt, ist das ein Zeichen für ein Trauma. Solche Gedanken sind ein Nebeneffekt harter Worte Ihres ehemaligen Partners, der Sie bis zum Äußersten manipuliert und Ihr Selbstwertgefühl minimiert haben könnte. Obwohl solche Gedanken schwer zu kontrollieren sind, ist es möglich, sie mithilfe eines Therapeuten abzulegen.

## 3. Schuldgefühle

Sobald die Beziehung endet, werden Sie einen Seufzer der Erleichterung ausstoßen. Aber nach einigen Tagen werden Sie vielleicht von Schuldgefühlen und Selbstzweifeln geplagt. Die toxische Beziehung hat in Ihnen ein derartiges Abhängigkeitsverhältnis geschaffen, dass Sie sich häufig fragen: „Habe ich das Richtige getan?", oder „War es wirklich meine Schuld?" In dieser Phase kommen viele Menschen wieder mit ihrem Ex- Partner zusammen, um dieses Unbehagen zu beseitigen. In manchen Fällen mag das in Ordnung sein, aber ein Neustart mit einem toxischen Ex-Partner? Lassen Sie sich viel Zeit, um darüber nachzudenken, was Sie in dieser Beziehung durchgemacht haben und ob Sie wirklich wieder mit ihm zusammenkommen wollen.

## 4. Gefühle der Isolation und Einsamkeit

Ein weiteres Gefühl, das Sie nach der Trennung umgibt, ist das intensive Gefühl der Einsamkeit. Es gibt ein grundsätzliches Gefühl der verlorenen Zeit, der verschwendeten Tage, Monate und Jahre des Lebens. Das kann einen Menschen in einen sehr verletzlichen Zustand versetzen. Es kann auch dazu führen, dass Beziehungen wieder aufflammen, während Sie darum kämpfen, sich von negativen Emotionen zu befreien.

5. **Das Eingehen anderer ungesunder Beziehungen**

   Wenn Sie sich nicht die Zeit geben, sich von der toxischen Beziehung zu erholen, Ihr Trauma zu verarbeiten oder die Merkmale einer gesunden Beziehung kennenzulernen, kann es sein, dass Sie sofort in eine andere, ebenso schwierige Beziehung geraten.

6. **Schwierigkeiten, loszulassen**

   Es ist üblich, dass man sich nach einer Trennung schlecht fühlt, insbesondere wenn es eine toxische Bindung war. Vielleicht konzentrieren Sie sich auf Dinge, die Ihr Ex-Partner gesagt hat und versuchen, diese Szenen in Ihrem Kopf nachzuspielen oder fragen sich, ob diese anders hätten sein können.

   Es ist möglich, die Aufmerksamkeit von der ehemaligen Beziehung zu verlagern, sich auf das Selbst zu konzentrieren und den Geist mit gesünderen, positiven Gedanken zu füllen. Nehmen Sie sich Hilfe von Freunden oder einem spezialisierten Therapeuten, der Sie dabei unterstützen kann, die Probleme, die Sie beim Loslassen haben, anzugehen.

7. **Aufdringliche Gedanken**

   Es ist in Ordnung, wenn sich hin und wieder Gedanken über Ihren Ex-Partner oder darüber, was schiefgegangen ist, einschleichen. Prüfen Sie aber, ob Sie von solchen Gedanken besessen sind. Dies kann dazu führen, dass Sie an Ihrer Entscheidung hinsichtlich Beziehungen zweifeln und es wird Ihnen schwer fallen, dem Prozess des Beziehungsaufbaus sowie Ihren Instinkten in Bezug auf andere zu vertrauen. All dies führt zu Ablenkung, impulsivem Verhalten, Schlafstörungen oder ständigem Weinen und Reizbarkeit. Die Konsultation eines Therapeuten wird die richtige Wahl sein, um Ihnen zu helfen, nach vorne zu schauen.

## 8. Misstrauen in neuen Beziehungen

Wenn man sich auf eine neue Beziehung einlässt, ohne sich selbst von den Wunden der Vergangenheit zu heilen, kann man davon ausgehen, dass es immer wieder zu schwierigen Beziehungen kommt. Nachdem man eine toxische Beziehung beendet hat, reagiert man oft mit Misstrauen auf Freunde, Familie oder neue Partnerschaften.

Sich dieser Tendenz bewusst zu werden, ist der erste Schritt zur Genesung. Sie müssen bewusst handeln, wenn Sie etwas Negatives in neuen Beziehungen spüren, aber auch, wenn Sie einen einfachen Fehler Ihres neuen Partners als etwas Schädliches interpretieren. Dies kann Ihre neue Beziehung beeinträchtigen.

Sprechen Sie mit Ihrem Therapeuten oder Ihrer Bezugsperson, um die Überreste des Traumas zu überwinden und mit diesen Vertrauensproblemen umzugehen.

## 9. Sich unsicher fühlen

Das Trauma aus der vergangenen toxischen Beziehung kann Sie auch verunsichern und es kann sein, dass Sie sich häufig bei Ihrem neuen Partner entschuldigen müssen. Wenn Sie in einer toxischen Beziehung waren, entwickeln Sie Bewältigungsmuster, um Auseinandersetzungen auf ein Minimum zu reduzieren. Die meisten dieser Bewältigungsmuster bestehen darin, sich zu erklären und sich für Ihre Gedanken, Gefühle und Handlungen zu entschuldigen. Das setzt voraus, dass Sie glauben, dass Sie die Reaktion Ihres Partners durch eine Entschuldigung kontrollieren können. Und Sie setzen das Gleiche mit dem neuen Partner fort, um sich vor dem zuvor erlebten Schmerz zu schützen.

10. Angstzustände

Achten Sie auf Anzeichen von Stress, die Sie möglicherweise haben, insbesondere auf solche, die mit Ihren Beziehungen zu tun haben. Das Posttraumatische Beziehungssyndrom entsteht vor allem aus der Angst und dem Misstrauen in Beziehungen.

Es könnte viele andere Ursachen für Angst geben. Ziehen Sie also keine voreiligen Schlüsse, dass Sie sich in einer toxischen Beziehung befanden. Angstzustände allein sind kein Anzeichen vergangener Traumata. Wenn diese hingegen mit dem übereinstimmen, was Ihnen in der Vergangenheit widerfahren ist, könnte dies wahrscheinlich die Ursache für die Besorgnis sein. Lassen Sie sich gegebenenfalls von einem Therapeuten beraten.

11. **Flashbacks und Albträume**

Es ist möglich, nach dem Verlassen der toxischen Beziehung Flashbacks zu haben oder in kaltem Schweiß aus einem bösen Traum aufzuwachen. Sie können Anfälle von Wut und Traurigkeit oder Wellen von Selbstzweifeln erleben und zu viel Verantwortung für das übernehmen, was passiert ist.

Da all dies nicht gesund für Sie ist, ist es wichtig, so schnell wie möglich Hilfe und Unterstützung zu erhalten. Dies wird Ihnen helfen, das Trauma zu überwinden und in Zukunft gesündere Beziehungen aufzubauen.

## Wie können Sie nach einer schweren Trennung Ihre Souveränität bewahren?

Die schwerwiegendste Folge der Auflösung einer toxischen Beziehung ist, dass Sie Ihre ganze Selbstbeherrschung verlieren und versuchen könnten, Ihren Ex-Partner so zu verletzen, wie er Sie verletzt hat. Sie können jedoch verhindern, dass Ihnen all das passiert.

Gehen Sie würdevoll mit Ihrer Trennung um, indem Sie die folgenden Ratschläge befolgen.

Denken Sie daran, nach der Trennung nicht in den Angriffsmodus zu wechseln. Es ist natürlich, den Wunsch nach Rache zu verspüren, aber dies setzt nur einen Teufelskreis von boshaften Interaktionen in Gang, von dem es schwierig sein wird, sich zu erholen. Zeigen Sie stattdessen Ihre Verletzung offen und nehmen Sie sich Zeit, die Wunden verheilen zu lassen.

Geben Sie Ihre negativen Gefühle nach der Trennung zu und gehen Sie gesund mit ihnen um, anstatt sie hinter einer falschen Maske der Stärke zu verleugnen.

Nutzen Sie Ihre Verletzlichkeit in dieser Zeit niemals dazu, Ihren Ex-Partner emotional zu erpressen. Dies wird nur Schuldgefühle und Groll hervorrufen. Sie müssen Verantwortung übernehmen, um sich zu erholen und Ihre emotionale Stärke wiederzuerlangen.

Distanzieren Sie sich von Ihrem Ex-Partner, um sich Zeit zur Heilung zu verschaffen. Meiden Sie seine und Ihre gemeinsamen Lieblingsorte und treffen Sie Ihre gemeinsamen Freunde getrennt. Das Grübeln über Ihre Beziehung wird Ihren Schmerz nur noch verschlimmern.

Respektieren Sie die Privatsphäre Ihres ehemaligen Partners und sprechen Sie nicht mit Ihren Freunden über seine Geheimnisse, um sich für vergangene Taten zu rächen. Denken Sie daran, dass Ihre Geheimnisse in der Obhut Ihres Ex-Partners sind und er Ihnen dasselbe antun könnte.

Geben Sie Ihre Trennung und Ihre negativen Gefühle nicht in sozialen Netzwerken bekannt. Halten Sie sich davon fern, traurige Lieder und kryptische Status-Updates in sozialen Netzwerken zu veröffentlichen. Lassen Sie nicht zu, dass Ihr innerer Zustand Ihr Social-Media-Image trübt.

Sie könnten sich nach der Trennung schuldig und verärgert fühlen. Vermeiden Sie jedoch, dass dieser Groll Ihre Entscheidungen in der Gegenwart und in der Zukunft beeinflusst. Konzentrieren Sie sich nicht mehr auf die Missgunst, sondern darauf, alte Wunden heilen zu lassen.

Finden Sie einen Freund oder ein Unterstützungssystem, wo Sie Ihre Gefühle - Wut, Zorn, Traurigkeit, Verwundbarkeit usw. - zum Ausdruck bringen können. Finden Sie vielleicht eine Aktivität, um diese Wut in etwas Positives umzuwandeln. Es könnte etwas Kreatives sein oder vielleicht ein Besuch im Fitnessstudio.

Vermeiden Sie Geschwätz über Ihre Trennung in Ihrem Freundeskreis. Verraten Sie nicht jedem die Einzelheiten. Behandeln Sie die Dinge vertraulich, indem Sie sie nur einer kleinen Gruppe von vertrauenswürdigen Freunden mitteilen.

Es ist ganz natürlich, dass sich Ihr Ex-Partner nach der Trennung nicht angemessen benimmt, sich weigert, Ihre Sachen zurückzugeben, Sie bei Freunden schlecht macht oder sich anderweitig unausstehlich verhält. Setzen Sie seinem Verhalten Gelassenheit, Freundlichkeit und Würde entgegen.

## Zusammenfassung des Kapitels

1. Eifersucht, Besessenheit und andere ungesunde Gefühle werden oft fälschlicherweise für Romantik oder Liebe gehalten.

2. Es gibt bestimmte Dinge in einer Liebesbeziehung, die harmlos erscheinen, aber emotionale Erpressung darstellen können. Dies ist zum Beispiel der Fall, wenn der neue Partner sofort alles über Sie wissen will, permanent auf Ihre vermeintlichen Fehler hinweist, wenn er versucht, Sie nach einem Streit zu bestrafen oder wenn er Sie auf die Probe stellt. Weitere mögliche Formen, die die emotionale

Erpressung annehmen kann, sind die verlangte Rechenschaft über Vergangenes oder eine ungesunde Fokussierung auf den Partner.

3. Sie können feststellen, ob Sie in einer liebevollen Beziehung zu Ihrem Partner stehen oder nur anhänglich sind. Wenn Sie verliebt sind, werden Sie Ihr Ego in den Hintergrund rücken, das Wachstum des anderen fördern, liebevoll und nicht egozentrisch sein.

4. Wenn die Beziehung auf Anhänglichkeit beruht, wird sie vom Ego dominiert. Sie konzentrieren sich darauf, wie Ihr Partner Sie glücklich machen kann und werden bei der Lösung Ihrer Lebensprobleme übermäßig von ihm abhängig.

5. Um mit emotionaler Erpressung in Beziehungen umzugehen, sollten Sie sich der Warnsignale bewusst sein, Ihre Grenzen definieren, diese konsequent durchsetzen und - falls die Situation außer Kontrolle gerät - aus dieser toxischen Beziehung ausbrechen.

6. Es ist natürlich, sich nach dem Ende einer Beziehung mit einem geliebten Menschen niedergeschlagen zu fühlen. Akzeptieren Sie die Hilfe eines professionellen Therapeuten, um die negativen Gefühle, die Verletzlichkeit, die Wut und die Angst zu überwinden, die Sie während dieser Zeit umgeben.

Im nächsten Kapitel werden wir folgende Aspekte diskutieren:

- Was sind Co-Abhängigkeiten?
- Zeichen, dass Sie sich in einer co-abhängigen Beziehung befinden
- Der Bezug zu Soziopathen, Psychopathen und Narzissten
- Co-abhängige Eltern

KAPITEL 6:

# Co-Abhängigkeit

## Was ist Co-Abhängigkeit?

Die Co-Abhängigkeit ist ein Zustand der Abhängigkeit Ihrerseits von anderen Menschen hinsichtlich Ihrer emotionalen Befriedigung und der für die Ausübung wesentlichen und unwesentlichen alltäglichen und psychologischen Funktionen.

Kurz gesagt: Co-abhängige Menschen sind bedürftig, anspruchsvoll und unterwürfig. Sie haben immer Angst, dass sie von anderen im Stich gelassen werden. Deshalb klammern sie sich an sie und verhalten sich unreif. Co-Abhängige können zu allen Extremen greifen, um ihre Beziehung zu ihrem Gefährten zu schützen. Sie können sich sogar missbrauchen oder misshandeln lassen, aber sie bleiben der Beziehung verpflichtet.

Indem sie die Rolle des Opfers akzeptieren, kontrollieren die Co-Abhängigen also ihre Missbraucher und manipulieren sie.

## Typen der Co-Abhängigkeit

Es werden verschiedene Typen des co-abhängigen Verhaltens unterschieden. Diese Differenzierung basiert auf den Grundursachen der Co-Abhängigkeit:

### *Co-Abhängigkeit zur Abwehr von Angst vor dem Verlassenwerden*

Solche Menschen können es nicht ertragen, wenn sie von ihrem Ehepartner, ihren Familienmitgliedern oder ihren Freunden im Stich gelassen werden oder wirkliche Autonomie und Unabhängigkeit erlangen. Infolgedessen sind sie anhänglich, anfällig für Panik, agieren erdrückend und zeigen selbstzerstörerische Unterwürfigkeit.

### *Co-Abhängigkeit zur Bewältigung der Angst vor Kontrollverlust*

Solche Menschen täuschen Bedürftigkeit und Hilflosigkeit vor und bringen ihre Mitmenschen dazu, auf ihre Bedürfnisse, Wünsche und Anforderungen einzugehen. Sie sind „Drama-Queens", weigern sich, emotional zu reifen und zwingen ihre Angehörigen, sie als emotional bzw. körperlich beeinträchtigte Personen zu behandeln. Diese Art von Co-Abhängigkeit setzt auf emotionale Erpressung und sogar Drohungen, um die Anwesenheit und Zustimmung ihrer Lieben zu gewährleisten.

### *Stellvertretende Co-Abhängige*

Stellvertretende Co-Abhängige leben ihr Leben durch Dritte. Sie opfern ihre eigenen Bedürfnisse, Meinungen und Anforderungen zum Wohle anderer, nur um ihre Zustimmung zu erhalten und sie für immer in ihrem Leben zu behalten. Diese Menschen, die auch als verdeckte Narzissten bekannt sind, sehnen sich danach, eine Beziehung mit einem (offenen) Narzissten einzugehen, unabhängig davon, wie sehr sie von diesem missbraucht werden. Verdeckte Narzissten suchen aktiv nach Beziehungen zu Narzissten und NUR zu Narzissten. Sie fühlen sich leer und unglücklich in einer Beziehung mit irgendeiner anderen Art von Person.

## Merkmale dafür, dass Sie sich in einer co-abhängigen Beziehung befinden

Es ist manchmal schwer zu beurteilen, ob Sie sich in einer Co-Abhängigkeit befinden. Wenn Sie sich jedoch in einer Beziehung befinden und sich ausschließlich auf diese Beziehung verlassen, um sich besser oder glücklich zu fühlen, befinden Sie sich wahrscheinlich in einer Co-Abhängigkeit. Die Gefühle, die Sie mit einer solchen Beziehung verbinden, sind in Wirklichkeit eher Verliebtheit als Liebe. Diese Gefühle werden stärker empfunden als die normalen Gefühle, die im Zusammenhang mit Ihrem Partner auftreten. Sie werden in einen Zustand der Euphorie versetzt.

Eine Co-Abhängigkeit ist wie eine Sucht. Sie ergreift Sie vollständig, lange bevor Sie sich dessen bewusst werden. Überlegen Sie sich Folgendes, um zu eruieren, ob Sie sich in einer Co-Abhängigkeitsbeziehung befinden:

- Suchen Sie oft nach Entschuldigungen oder Rechtfertigungen dafür, wie sich Ihr Partner in der Öffentlichkeit oder in der Anwesenheit von Freunden und Verwandten verhält oder benimmt?
- Scheuen Sie sich davor, Ihre Sorgen oder Bedenken vor Ihrem Partner anzusprechen?
- Fühlen Sie sich im Beisein Ihres Partners wertlos?
- Ist Ihr Partner respektlos im Umgang mit Ihnen?
- Ist Ihr Partner eifersüchtig auf Ihre Errungenschaften? Versucht er, Sie zu demoralisieren, zu kritisieren oder Ihnen ein schlechtes Selbstwertgefühl einzureden?
- Haben Sie das Gefühl, dass Ihr Partner übermäßig abhängig von Ihnen ist und nicht ohne Sie funktionieren kann?
- Droht Ihr Partner, sich selbst Schaden zuzufügen, wenn Sie versuchen, die Beziehung zu verlassen?
- Wird sexuelle Aufmerksamkeit von Ihnen als Liebe oder Zuneigung interpretiert?

Wenn Sie auf eine oder alle dieser Fragen mit „Ja" geantwortet haben, befinden Sie sich möglicherweise in einer Co-Abhängigkeit. Co-Abhängigkeit ist jedoch oft eine Zweibahnstraße. Nicht nur Ihr Partner, sondern auch Sie können der Auslöser von Co-Abhängigkeit sein.

Wenn Sie in Co-Abhängigkeit leben, leiden Sie unter einem geringen Selbstwertgefühl und zeigen passiv-aggressive oder kontrollierende Tendenzen. Anstatt Ihrem Partner beispielsweise zu sagen, was Sie über ein bestimmtes Thema denken, reagieren Sie damit, dass Sie ihn ignorieren oder ihn beschimpfen. Es könnte auch sein, dass Sie bei belanglosen Angelegenheiten überreagieren oder eine herabwürdigende Sprache verwenden, um andere zu kontrollieren.

## Acht Warnzeichen, die anzeigen, dass Sie sich in einer co-abhängigen Beziehung befinden:

### 1. Sie beginnen, die Defizite auszugleichen

In einer Co-Abhängigkeitsbeziehung beginnt eine Person, die volle Verantwortung für die Aufrechterhaltung des Kontaktes zu übernehmen. Wenn ein Partner anfängt, sich zurückzuziehen und die Zeit, Energie und Fürsorge, die er aufbringt, zu reduzieren, beginnt der andere Partner instinktiv, die Lücke zu füllen, indem er härter daran arbeitet, die Verbindung aufrechtzuerhalten.

### 2. Der Wunsch, den Partner „in Ordnung zu bringen"

Co-abhängige Persönlichkeiten sind Sympathisanten. Sie leben davon, anderen zu helfen oder denken sogar daran, sie zu „retten".

### 3. Sie überschreiten Grenzen

Personen mit Co-Abhängigkeit sind übertriebene Geber. Sie haben ständig das Bedürfnis, anderen etwas zu geben, selbst auf Kosten ihrer eigenen Bedürfnisse. Sie fühlen sich übermäßig verantwortlich für andere oder kümmern sich zu sehr um sie. Im Zwang, übermäßig zu geben, vernachlässigen sie jedoch oft ihre persönlichen Ressourcen und lassen sogar zu, dass andere ihre Grenzen überschreiten.

### 4. Sie haben kein autonomes Leben

Wenn Sie von jemandem so abhängig werden, dass Sie sich selbst oder Ihre eigene, essenzielle Individualität verlieren, befinden Sie sich in einer co-abhängigen Beziehung.

5. **Sie verlieren den Kontakt zu Familie und Freunden**

Wenn Sie anfangen, den Kontakt zu Ihren Lieben oder zu anderen Menschen, die Ihnen am Herzen liegen, zu verlieren, ist das ein gravierendes Zeichen. Ihr Hauptaugenmerk liegt auf Ihrem Partner, aber es sollte nicht so weit gehen, dass Sie sich von den Menschen, die Ihnen bisher wichtig waren, distanzieren. Sie sollten sich dessen bewusst sein und es ernst nehmen, sonst werden Sie immer mehr von Ihrem Partner abhängig. Sollten Sie zu dem Schluss kommen, dass Sie beide doch nicht füreinander bestimmt sind, werden Sie sich vielleicht nach alten Freunden umsehen, aber Sie werden keine mehr finden.

6. **Sie müssen immer um Zuspruch bitten**

Sollten Sie das Gefühl haben, dass Sie für alltägliche, grundlegende Dinge die Erlaubnis Ihres Partners einholen müssen oder ohne ihn keine Entscheidung treffen können, befinden Sie sich sehr wahrscheinlich in einer Co-Abhängigkeitsbeziehung. Hatten Sie zu Beginn der Beziehung noch viel Selbstvertrauen, haben sich mit der Zeit aber Selbstzweifel eingeschlichen und Sie sind unsicher geworden, könnten Sie sich in einer missbräuchlichen Co-Abhängigkeitsbeziehung befinden.

7. **Ihr Partner hat ungesunde Verhaltensweisen**

Eines der ersten Anzeichen für eine Co-Abhängigkeit ist, wenn eine Person wiederholt ungesunde Gewohnheiten, wie übermäßiges Trinkverhalten oder Essattacken, zeigt. Die andere Person schließt sich ihr entweder an oder fördert sie aus eigenen Beweggründen.

Ein Beispiel: Sara wusste, dass ihr Freund Diabetiker ist und auf Süßigkeiten verzichten sollte. Sie akzeptierte dies jedoch nie, weil ihr Freund ihre Rezepte so sehr schätzte und sie dadurch Selbstbestätigung erhielt. Obwohl sie die

Wahrheit kannte, förderte Sara weiterhin die ungesunde Ernährung ihres Freundes, damit sie sich gut fühlen konnte.

## 8. Sie suchen ständig nach Zusicherung

Stellen Sie sich die folgenden Fragen:

- Leben Sie oder Ihr Partner ständig in der Angst, dass der jeweils andere die Beziehung beenden wird?
- Müssen Sie oder Ihr Partner immer Bestätigung bekommen, dass Sie vom anderen noch geliebt werden?
- Führt einer von Ihnen beiden Tests durch, um die Aufmerksamkeit des anderen zu erhalten?
- Sucht einer von Ihnen nach Bestätigung außerhalb der Beziehung, mit der bewussten Absicht, den anderen eifersüchtig zu machen und somit Verlassenheitsängste zu erzeugen, die umgehend dementiert werden?
- Vermeiden Sie das direkte Gespräch über den Zustand Ihrer Beziehung?
- Haben Sie Mühe damit, allein zu sein?
- Ist Ihre Beziehung überaus angespannt und Sie beide genießen das wiederkehrende Drama von Trennung und Versöhnung?

Wenn Sie auf eine dieser Fragen mit „Ja" geantwortet haben, befinden Sie sich wahrscheinlich in einer Co-Abhängigkeit.

Befinden Sie sich in einer gesunden Beziehung, wertschätzen Sie die Leistungen des anderen, bringen einander Respekt entgegen, auch wenn Sie unterschiedliche Meinungen haben, und fühlen sich wohl, wenn Sie sich gegenseitig Ihre Gedanken mitteilen. Sie werden sich geliebt und geschätzt fühlen und sowohl in der Öffentlichkeit als auch in der Gesellschaft des anderen glücklich sein, die Privatsphäre des anderen respektieren und einander vertrauen.

Leben Sie hingegen in einer Co-Abhängigkeitsbeziehung, werden Sie auf die Leistungen des anderen eifersüchtig sein, Angst haben, die Gefühle gegenüber Ihrem Partner auszusprechen, Ihre Zuneigung zurückhalten, den anderen ausspionieren und ihm gegenüber Missgunst und Misstrauen empfinden.

Die Co-Abhängigkeit teilt einige häufige Symptome von Suchterkrankungen, so zum Beispiel Gefühle der Verleugnung, ein geringes Selbstwertgefühl, die Unfähigkeit, Grenzen zu setzen oder diese einzuhalten, eine gestörte Kommunikation und eine kontrollierende Haltung.

## Co-Abhängigkeitsbeziehungen zu Soziopathen, Psychopathen und Narzissten

Nach den bisherigen Zeilen mag es fast so scheinen, als ob Co-Abhängigkeit eine Krankheit sei. Es handelt sich jedoch um einen emotionalen und verhaltensbedingten Zustand, der in Ihrem Unterbewusstsein gespeichert ist. Dieser beeinträchtigt Ihre Fähigkeit, eine gesunde Beziehung zu anderen Menschen zu haben.

Psychotherapeuten bezeichnen die Co-Abhängigkeit als „Beziehungsabhängigkeit". Und genau wie eine Suchterkrankung basiert eine Co-Abhängigkeit auf Unsicherheit, Verleugnung, Kontrolle und Manipulation.

Jemand, der von einer Beziehung abhängig ist, kann damit drohen, sich selbst Schaden zuzufügen, wenn sein Partner es in Erwägung zieht, die Beziehung zu ihm zu beenden. Alternativ wird der Betroffene andere Formen der emotionalen Erpressung einsetzen, um seinen Partner zu kontrollieren. Die Person, die in einer Co-Abhängigkeitsbeziehung gefangen ist oder diejenige, die eine passive Rolle einnimmt, gibt sich am Ende häufig immer mehr Mühe, ihren Partner zufriedenzustellen und ihre eigenen Bedürfnisse beiseite zu schieben.

Um die Verbindung zwischen der Co-Abhängigkeit und Soziopathen, Psychopathen und Narzissten zu verstehen, ist es wichtig, diese drei Typen von Persönlichkeiten zu kennen:

### Was ist ein Soziopath?

Der Begriff „Soziopath" wird verwendet, um eine Person zu beschreiben, die an einer sozialen Persönlichkeitsstörung leidet. Solche Menschen können die Gefühle eines anderen nicht verstehen. Sie brechen Regeln oder handeln aus einem Impuls heraus, ohne sich für ihre Handlungen schuldig zu fühlen. Soziopathen benutzen auch „Psycho-Spiele", um Freunde, Familie, Kollegen und ihre Partner zu kontrollieren. Um jemanden als Soziopathen zu bezeichnen, muss seine psychologische Verfassung mindestens drei dieser sieben Merkmale aufweisen:

1. Fehlender Respekt vor sozialen Normen oder Gesetzen
2. Das Erzählen von Lügen, der Betrug anderer, die Annahme von falschen Identitäten und das Ausnutzen anderer zur persönlichen Bereicherung
3. Handeln ohne die Berücksichtigung von Konsequenzen
4. Zeigt aggressives Verhalten und gerät bei jeder Gelegenheit mit anderen in Streit
5. Es wird keine Rücksicht auf die Sicherheit anderer genommen.
6. Persönliche und berufliche Verpflichtungen werden nicht wahrgenommen.
7. Es wird keinerlei Reue oder Schuld gezeigt, wenn andere verletzt oder misshandelt werden.

### Was ist ein Psychopath?

Der Begriff „Psychopath" bezieht sich ebenfalls auf eine soziale Persönlichkeitsstörung. Daher wird er häufig als Synonym für Soziopathen verwendet. Beide Beschreibungen werden unter dem Oberbegriff der *Antisozialen Persönlichkeitsstörung* (APS) verwendet.

Gängige Merkmale eines solchen mentalen Zustandes sind:

1. Gesellschaftlich unverantwortliches Verhalten
2. Fehlendes Interesse an den Rechten anderer
3. Unfähigkeit, zwischen Recht und Unrecht zu urteilen
4. Schwierigkeit, Empathie für andere zu empfinden
5. Tendenz zum Lügen
6. Manipulation und Verletzung anderer
7. Wiederkehrende Probleme mit normativen Regeln
8. Missachtung von Sicherheit und Verantwortung

### *Was ist eine Narzisstische Persönlichkeitsstörung?*

Personen mit einer Narzisstischen Persönlichkeitsstörung sind übermäßig von sich selbst eingenommen. Diese Tendenz kann fälschlicherweise als Selbstliebe wahrgenommen werden, aber es ist keine gesunde Art der Selbstliebe. Narzisstische Persönlichkeiten brauchen die ständige Bewunderung und sehen sich anderen überlegen.

Sie sind in dieses übertriebene Selbstbild verliebt, das oft tiefe Gefühle der Unsicherheit kaschieren soll. Sie zeigen ein egozentrisches Verhalten, einen Mangel an Einfühlungsvermögen und Rücksicht auf andere sowie ein übermäßiges Bedürfnis nach Anerkennung. Dieses Denken und Verhalten spiegelt sich in allen Lebensbereichen wider: Arbeit, Freunde, Familie und Liebesbeziehungen.

Die Anzeichen und Symptome einer Narzisstischen Persönlichkeitsstörung sind:

1. Übertriebenes Selbstbewusstsein

2. Betroffene glauben, dass sie besser als alle anderen sind und als solche anerkannt werden sollten, auch wenn sie nichts dafür getan haben, um sich diese Anerkennung zu verdienen.

3. Sie übertreiben oder lügen hinsichtlich ihrer Leistungen und Talente.

4. Das Leben in einer Traumwelt mit selbstverherrlichenden Fantasien von unbegrenzter Macht, Erfolg, Brillanz und Attraktivität zeichnet narzisstische Persönlichkeiten aus.

5. Narzissten brauchen ständige Bewunderung, um ihr Ego zu nähren. Deshalb umgeben sie sich mit Menschen, die ihre obsessive Begierde stillen können.

6. Sie sehen es als ihr Geburtsrecht an, Gefälligkeiten von anderen zu erhalten.

7. Sie erwarten von anderen, dass sie immer auf ihre Launen und Fantasien eingehen.

8. Wenn Sie es versäumen, den Narzissten zu bewundern oder zu loben, wird er oder sie dies als Verrat ansehen.

9. Narzissten betrachten die Menschen in ihrem Leben als Objekte, die ihren Bedürfnissen dienen. Sie können sich nicht in andere Personen hineinversetzen.

10. Sie fühlen sich von Menschen bedroht, die selbstbewusst und beliebt sind oder die sie in irgendeiner Weise herausfordern.

11. Sie setzen Mobbing, Beleidigungen, Beschimpfungen und Schuldgefühle ein, um andere dazu zu bringen, ihre Bedürfnisse zu befriedigen.

Trotz all dieser Unzulänglichkeiten haben Narzissten oft eine charmante und anziehende Persönlichkeit. Es ist sehr leicht für sie, andere für sich zu gewinnen, indem sie ein fantastisches, schmeichelhaftes Selbstbild erzeugen. Ihr scheinbares Selbstvertrauen und ihre erhabenen Träume sind oft verführerisch genug, um jeden in ihren Bann zu ziehen. Dennoch ist es ratsam, bei solchen Menschen vorsichtig zu sein.

Wenn Sie glauben, narzisstische Personen könnten Ihre Sehnsucht stillen, sich wichtiger und lebendiger zu fühlen, dann irren Sie sich sehr wahrscheinlich. Im Allgemeinen ist es nur eine Fantasie mit keinerlei Bezug zur Realität.

## Wie Co-Abhängigkeit mit Soziopathen, Psychopathen und narzisstischen Persönlichkeiten zusammenhängt

Co-Abhängigen fehlt eine gesunde Beziehung zu sich selbst. Sie neigen dazu, andere vor sich selbst zu stellen. Sie sind hinsichtlich der emotionalen Befriedigung so abhängig von anderen, dass sie ihre eigenen Bedürfnisse außer Acht lassen, um die Beziehung aufrechtzuerhalten.

Daher sind Co-Abhängige beliebte Ziele für soziopathische, psychopathische und narzisstische Persönlichkeiten. Da sich diese Persönlichkeiten als über allen anderen stehend betrachten, benutzen sie Co-Abhängige und beuten sie aus, ohne jegliche Schuld oder Reue zu empfinden.

Co-Abhängige und Soziopathen/Psychopathen/Narzissten finden einander wie der Deckel den Topf. Wenn der eine extrem gebend und der andere extrem fordernd ist, bilden sie das perfekte Duo aus Täter und Opfer.

## Co-Abhängigkeit der Eltern

Co-Abhängigkeit besteht nicht unbedingt zwischen einem Freund und einer Freundin oder einem Ehemann und einer Ehefrau. Sie kann auch zwischen einem Elternteil und einem Kind bestehen. Die Tatsache, dass es sich bei Eltern-Kind-Beziehungen um Sorgeverhältnisse handelt, macht es oft schwierig, Co-Abhängigkeit zu erkennen.

Hier sind jedoch einige Anzeichen, die auf Co-Abhängigkeit der Eltern hinweisen können:

### Opfermentalität der Eltern

Ein Co-Abhängiger glaubt, dass andere Menschen, insbesondere seine Kinder, für das ihnen im Leben angetane Unrecht verantwortlich sind und erwartet daher, dass sie die Entschädigung dafür zahlen. Daher entwickelt ein Co-Abhängiger oft schuldzuweisende Taktiken, um sich das Mitgefühl seiner Kinder zunutze zu machen. Anstatt sich mit seinen Lebensproblemen und Traumata auseinanderzusetzen und eine positive Lösung durch Beratung oder Therapie zu suchen, klammert sich der Co-Abhängige an das Kind und verlangt eine Entschädigung.

Zum Beispiel kann ein Vater, der im Sport keine größeren Erfolge erzielen konnte, von seinem Sohn verlangen, sich im Sport auszuzeichnen und seinen eigenen Verlust auszugleichen. Widersetzt sich das Kind dem Vater, wird er Manipulation und Schuldgefühle verwenden, um das Kind zum Einlenken zu bewegen.

### Der co-abhängige Elternteil liegt niemals falsch

Zwei Menschen in einer Beziehung können nicht die ganze Zeit über Recht haben. Aber in einer Co-Abhängigkeit in der Eltern-Kind-Beziehung hat der Elternteil immer Recht - zumindest denkt der Elternteil so. Selbst wenn das Kind erwachsen wird, weigert sich der Elternteil, eine Diskussion mit Offenheit und Transparenz zu führen und vermeidet so die Möglichkeit, sich zu irren. Stattdessen wird der Elternteil versuchen, dem erwachsenen Kind seine Sichtweise aufzuzwingen und das Kind zu „korrigieren".

Ein solcher Elternteil hört nie auf die Gefühle und Probleme des Kindes. Zudem lernt er nie etwas über die Persönlichkeit seines Kindes, da er die Beeinträchtigung seiner Autorität fürchtet.

Wenn sich herausstellt, dass ein co-abhängiger Elternteil im Unrecht ist, wird er sich nie entschuldigen, und wenn, dann unaufrichtig. Ein co-abhängiger Elternteil will absolute Dominanz über das Kind und jede Schwäche seinerseits wird diese Dominanz bedrohen.

### Der co-abhängige Elternteil ist extrem emotional

Weinen, Schreien und Bestrafung durch Schweigen sind die bevorzugten Waffen eines co-abhängigen Elternteils. Wenn er das Gefühl hat, in einer Situation die Kontrolle zu verlieren oder bei einem Streit nicht die Oberhand behalten zu können, greift er zu Methoden wie Schreien, Brüllen und anderen Formen der Einschüchterung, um die Dinge zu seinen Gunsten zu wenden.

Wenn Sie auf seine manipulative Art und Weise hinwiesen, werden Sie beschuldigt, gefühllos oder unsensibel zu sein. Weint das Kind oder bringt es seine Verletzung zum Ausdruck, wird der co-abhängige Elternteil noch wütender und behauptet oft, das Leid des Kindes sei unaufrichtig und manipulativ.

### Der co-abhängige Elternteil ist ein schlechter Zuhörer

Solche Eltern haben keine Hörstörung, dennoch sind sie schlechte Zuhörer, weil sie sich nie die Meinung anderer anhören oder in Betracht ziehen. Mit einem co-abhängigen Elternteil zu sprechen, kann sich anfühlen, als würde man „gegen eine Wand reden".

Wenn das Argument oder die Diskussion begründet ist und Sie unwiderlegbare Tatsachen vorbringen, wird der co-abhängige Elternteil diese abstreiten und sich nicht von seinem Standpunkt abbringen lassen. Er wird das Diskussionsthema vom tatsächlich vorgebrachten Argument weglenken.

### Der co-abhängige Elternteil imitiert Ihre Worte und Sätze

Wenn ein Kind seine Gefühle gegenüber einem co-abhängigen Elternteil ausdrückt, wird der Erwachsene dies nachahmen. Wenn das Kind zum Beispiel sagt, dass der Elternteil es verärgere, wird der Elternteil darauf antworten, indem er sagt: „Du verletzt meine Gefühle".

### Der co-abhängige Elternteil leidet unter Stimmungsschwankungen

Der co-abhängige Elternteil wechselt schnell von einer Stimmung zur anderen, um Verantwortung und Schuld zu vermeiden. Dies geschieht insbesondere dann, wenn seine Manipulationstaktiken beim Kind erfolgreich waren.

Zum Beispiel ruft eine Mutter ihre Tochter in der Universität an und schreit sie an, weil sie nicht oft genug angerufen hat. Ihre Manipulationstaktik kann die Tochter schließlich dazu bringen, ihr zu gehorchen und öfter zuhause anzurufen. Wenn die Mutter das erreicht hat, kann sie, um ihren Sieg und ihre Opferrolle aufrechtzuerhalten, sagen: „Nein, es ist schon in Ordnung. Du brauchst mich nicht so oft anzurufen. Du tust es ohnehin nur, weil ich dich darum gebeten habe."

In diesem Fall wird die Tochter überredet, sie nicht nur öfter anzurufen, sondern ihrer Mutter auch zu versichern, dass sie es freiwillig tut.

### Co-abhängige Eltern wollen um jeden Preis kontrollieren

Kontrolle ist das Endziel, das alle co-abhängigen Eltern anstreben. Sie erwarten von ihren Kindern Liebe und Hingabe, um den Mangel in anderen Beziehungen auszugleichen. Oft werden die von Co-Abhängigkeit betroffenen Eltern versuchen, von ihrem Kind die Liebe und Aufmerksamkeit zu gewinnen, die sie von ihren eigenen Eltern nicht erfahren haben.

Der co-abhängige Elternteil versucht, auch über das erwachsene Kind Kontrolle zu erlangen. Wenn klar wird, dass ihm das nicht gelingt, kommt es oft zu einem Zusammenbruch. Weigert sich das erwachsene Kind, dem Elternteil das zu geben, was er will, wird dieser versuchen, das Kind mit Schuldgefühlen zu kontrollieren, indem er sich als gebrechlich gibt, das Opfer spielt oder aggressive Strategien anwendet.

*Der co-abhängige Elternteil setzt subtile Manipulation ein*

Beispiele für subtile Manipulation sind Schweigen, passiv-aggressive Kommentare, das Leugnen von Fehlverhalten und Projektion. Der co-abhängige Elternteil nutzt all diese Formen der Manipulation, um sein Kind zu verwirren: „Wer ist der wahre Bösewicht?"

Co-abhängige Eltern sind sich ihrer Manipulationen oft nicht bewusst. Sie glauben, dass sie im besten Interesse ihres Kindes handeln. Wenn man sie über ihre Manipulation aufklärt, zeigen sie sich aufrichtig verletzt und verwundert.

Ein von Co-Abhängigkeit betroffener Elternteil manipuliert gewöhnlich nicht, weil er es *will*, sondern weil er es *muss*. Das liegt daran, dass er keine andere Möglichkeit kennt, mit seinem erwachsenen Kind zu kommunizieren. Also manipuliert er mit Finanzen, Emotionen, Schuldgefühlen oder jeder anderen denkbaren Methode, um seine Co-Abhängigkeitsbeziehung aufrechtzuerhalten.

*Wie Sie vorgehen sollten, wenn Ihre Eltern unter Co-Abhängigkeit leiden*

Die richtige Art und Weise, mit solchen Eltern umzugehen, hängt von der Schwere der Situation ab. In manchen Fällen kann es sein, dass Sie die Beziehung gänzlich beenden müssen. In anderen Fällen müssen Sie Regeln aufstellen, diese sorgfältig durchsetzen und sich vielleicht nach einem Familientherapeuten umsehen, der Ihnen hilft, eine gesunde Beziehung zu Ihren Eltern aufrechtzuerhalten.

## Zusammenfassung des Kapitels

1. Co-Abhängigkeit ist die psychische und emotionale Abhängigkeit von anderen. Sie wird auch als „Beziehungsabhängigkeit" bezeichnet und führt dazu, dass man anspruchsvoll und unterwürfig ist und in der Angst lebt, von einem geliebten Menschen verlassen zu werden.

2. Co-Abhängige sind ein verwundbares Ziel und Opfer für emotionale Manipulation, weil sie dem Täter erlauben, sie zu kontrollieren, was aus der Angst hervorgeht, der Täter könnte die Beziehung beenden.

3. Wenn Sie sich ausschließlich auf eine bestimmte Beziehung verlassen (ob Eltern, Ehepartner, Freund oder Partner), um sich besser und glücklich zu fühlen, befinden Sie sich möglicherweise in einer Co-Abhängigkeitsbeziehung.

4. Beide Partner in einer Co-Abhängigkeitsbeziehung sind oft eifersüchtig auf die Leistungen des anderen, haben Angst, über ihre Gefühle füreinander zu sprechen oder spionieren einander aus Misstrauen aus.

5. Eine Co-Abhängigkeit beruht auf Unsicherheit, Verleugnung, Kontrolle und Manipulation.

6. Soziopathen oder Psychopathen sind die Begriffe, die für Menschen verwendet werden, die an einer sozialen Persönlichkeitsstörung leiden. Solche Menschen nehmen keine Rücksicht auf soziale Normen und zeigen sozial unverantwortliches Verhalten, ohne über die Folgen nachzudenken oder die Gefühle und die Sicherheit anderer Menschen zu berücksichtigen.

7. Narzissten haben ein überhöhtes Gefühl der Selbstbedeutung und glauben, sie seien besser als alle anderen. Sie sehnen sich nach Lob und Bewunderung durch andere.

8. Sowohl Co-Abhängige als auch Soziopathen/Psychopathen/Narzissten haben eine ungesunde Beziehung zu sich selbst. Der eine stellt andere vor sich selbst, während der andere sich selbst über andere stellt. Beide greifen als Täter und Opfer ineinander, wie zwei Teile eines Puzzles.

9. Co-Abhängigkeit kann auch zwischen einem Elternteil und einem Kind bestehen.

10. Ein co-abhängiger Elternteil macht sein Kind für die eigene Unzufriedenheit verantwortlich und erwartet, dass das Kind diese kompensiert, indem es all seine Forderungen erfüllt.

11. Der von Co-Abhängigkeit betroffene Elternteil glaubt, dass er immer recht hat und versucht, dem Kind seine Ansichten aufzuzwingen. Er tendiert zum Schreien, oder zur Bestrafung durch Schweigen, um sich bei allen Auseinandersetzungen einen Vorteil zu verschaffen.

12. Co-abhängige Eltern sind schlechte Zuhörer, sie ignorieren die Gefühle und Meinungen ihres Kindes. Sie zeigen auch rasche Stimmungsschwankungen, um Verantwortung und Schuldgefühle zu vermeiden.

13. Co-abhängige Eltern möchten ihr Kind immer kontrollieren und wenden subtile Manipulation an, um dies zu erreichen.

14. In milderen Fällen von Co-Abhängigkeit der Eltern sollten Sie Ihre Grenzen definieren, diese klar durchsetzen und einen Familientherapeuten aufsuchen, der Ihnen hilft, das Problem zu lösen.

15. Wenn das Problem unlösbar ist, ist es am besten, die Beziehung zu co-abhängigen Eltern zu beenden.

Im nächsten Kapitel werden Sie lernen:

- wie man emotionale Erpressung vermeidet.
- wie man emotionale Erpressung besiegt.
- wie Sie nicht defensive Kommunikationsfähigkeiten anwenden können, um emotionale Erpressung zu stoppen.
- wie sich Grenzen und mentale Belastbarkeit entwickeln lässt.

KAPITEL 7:

# Der richtige Umgang mit emotionaler Erpressung

Emotionale Erpressung ist keine angenehme Erfahrung, aber leider erliegen ihr viele von uns in verschiedenen Lebensphasen. Die Wahrheit ist, dass es viele Menschen gibt, die bereit sind, Sie zu ihrem Vorteil auszunutzen. Es ist wichtig, dass Sie über emotionale Erpressung, die angewandten Taktiken und darüber, wo Sie diese parasitären Persönlichkeiten finden können, Bescheid wissen.

Nachdem wir all dies diskutiert haben, kommen wir zum interessantesten und wichtigsten Teil, dem richtigen Umgang mit emotionaler Erpressung. Hier ist der ultimative Leitfaden, wie mit emotionaler Erpressung umzugehen ist.

## Erkennen Sie die „Alarmglocken-Situationen"

Situationen, in welchen die „Alarmglocken läuten", deuten zweifellos auf emotionale Erpressung hin. Sich dieser Situationen bewusst zu sein, ist der erste Schritt, um mit der Bedrohung umzugehen und sie zu entkräften.

Fragen Sie sich, ob Sie sich für Ihre Taten entschuldigen, obwohl Sie nicht im Unrecht waren? Beobachten Sie, dass Ihr Partner nicht bereit ist, ein „Nein" als Antwort zu akzeptieren? Haben Sie immer wieder das Gefühl, dass Sie den Wünschen Ihres Partners auf Kosten Ihrer eigenen Wünsche nachgeben? Vielleicht ist Ihnen aufgefallen, dass Sie immer diejenige Person zu sein scheinen, die die Opfer und Kompromisse in der Beziehung erbringt.

Am schlimmsten ist, dass Ihr Partner Sie einschüchtert oder bedroht, sodass Sie diesen Forderungen nachkommen.

## Erkennen Sie die typische emotionale Erpressungstaktik

Menschen, die diese Taktiken anwenden, benutzen die Methode von „Furcht>Verpflichtung>Schuldgefühle" als ihren bevorzugten Weg, um zu bekommen, was sie wollen.

Zuerst versucht der Erpresser, das Opfer ängstlich, wütend oder enttäuscht zu machen. Dadurch fühlt sich das Opfer verpflichtet, die Forderungen zu erfüllen. Wenn das Opfer den Forderungen immer noch nicht nachkommt, ruft der Manipulator Schuldgefühle in ihm hervor, weil es sich nicht an die Wünsche des Täters gehalten hat.

All dies geschieht auf eine sehr subtile Weise, um an die Sensibilität des Opfers zu appellieren. Die Manipulatoren nehmen die Manipulation in einer Weise vor, dass das Opfer die Forderungen für vernünftig hält und ihnen zustimmt.

Wenn Sie sich als Opfer dieser FOG-Technik sehen, bitten Sie einen engen Freund oder einen Verwandten, Ihnen eine andere Perspektive auf die Beziehung zu geben und Ihnen zu sagen, was sie von außen sehen oder fühlen.

## Erkennen Sie, ob Sie verletzlich sind

Menschen, die Schwierigkeiten haben, „Nein" zu sagen, sind am anfälligsten für emotionale Erpressung. Wenn Sie einer von diesen Menschen sind, sollten Sie lernen, etwas zu verneinen. Denken Sie an den Tonfall und die Worte, die Sie verwenden werden, um Selbstermächtigung zu signalisieren und sagen Sie in Zukunft „Nein" zur Manipulation anderer.

## Wie sich emotionale Erpressung beenden lässt

1. Es gibt Zeiten, in denen Sie Ihren Wünschen, Bedürfnissen und Vorlieben Vorrang vor denen Ihres Partners geben müssen.

2. Stehen Sie für Ihre Wahrheit, Ihre Ansichten und Ihre Meinungen ein und werden Sie durchsetzungsfähiger und selbstbewusster.

3. Setzen Sie klare Grenzen hinsichtlich dessen, was Sie akzeptieren und nicht akzeptieren werden. Grenzen sollten unter keinen Umständen überschritten werden.

4. Erkennen Sie, dass Ihr Wohlbefinden an erster Stelle steht, auch wenn Sie Ihren Partner innig lieben. Teilen Sie Ihre persönlichen Prioritäten mit und gehen Sie entsprechende Kompromisse ein.

5. Geben Sie der emotionalen Erpressung nicht nach, das wird die Situation nur verschlimmern.

6. Wenn Ihr nahestehender Mensch Ihnen mit körperlicher Gewalt droht, entfernen Sie sich sofort von der Situation und alarmieren Sie die zuständigen Behörden.

7. Wenden Sie sich an Ihre engen Freunde oder Ihr soziales Unterstützungssystem und suchen Sie gegebenenfalls professionelle Hilfe bei einem Therapeuten.

## Sind Sie selbst der emotionale Erpresser?

Sie können nicht nur die Opferrolle, sondern auch die Täterrolle einnehmen. Niemand von uns ist gegen diese Tendenz immun. Beobachten Sie, wie Sie andere dazu bringen, das zu tun, was Sie möchten. Wie reagieren Sie, wenn jemand mit Ihnen streitet oder nicht das tut, was Sie möchten? Flehen Sie ihn an? Reagieren Sie strafend? Bestrafen Sie, indem Sie keine Liebe und Zuneigung geben? Sehen Sie deren Widerstand als Bedrohung für die Beziehung an? Reagieren Sie mit Bemerkungen wie „Wenn du mich lieben würdest, hättest du meine Forderung erfüllt?"

Wenn Sie eine dieser Äußerungen bejahen, erpressen Sie möglicherweise andere, entweder wissentlich oder unwissentlich. Sie müssen dies also zugeben und anerkennen. Auf diese Weise übernehmen Sie die Verantwortung für Ihr Handeln und schaffen ein Klima der Sicherheit - für sich selbst und für die andere Person.

Sagen Sie der Person, die Sie manipuliert haben, dass Sie sich Ihrer Handlungen bewusst sind. Sich zu entschuldigen, wird aber nicht ausreichen. Sie müssen der Person versichern, dass Sie bereit sind, die Verantwortung für Ihre Handlungen zu übernehmen und zu versuchen, Ihr Verhalten zu ändern. Fragen Sie die Person, die Sie verletzt haben, was sie von Ihnen braucht, um das Gefühl zu haben, dass sie Ihnen vertrauen kann. Finden Sie Wege, um die Probleme gemeinsam zu lösen und voranzukommen.

## Wie sich emotionale Erpressung besiegen lässt

Lesen Sie zunächst die folgende Checkliste durch, um zu erfahren, ob sie ein Opfer der emotionalen Erpressung sind:

- Sie reden sich selbst ein, dass es in Ordnung sei, nachzugeben.
- Sie glauben, dass es in Ordnung sei, nachzugeben, wenn es hilft, die andere Person zu beruhigen.
- Sie haben das Gefühl, dass das, was Sie wollen, nicht richtig ist.
- Sie nehmen sich vor, dieses Mal nachzugeben, das nächste Mal aber standhaft zu bleiben.
- Sie glauben, es sei besser, zu kapitulieren, als jemanden zu empören.
- Sie stehen für gewöhnlich nicht für sich ein.
- Sie geben Ihre Macht an jemanden ab.

- Sie handeln nach den Wünschen anderer, nicht nach Ihren eigenen.
- Sie nehmen alles ohne Widerstand hin.
- Sie geben die Dinge auf, die Sie mögen, um andere zu beschwichtigen.

Wenn Sie eines dieser Merkmale hellhörig macht, könnten Sie ein Opfer emotionaler Erpressung sein. Jetzt ist es also an der Zeit, Mut zu fassen und Veränderungen an sich selbst vorzunehmen. Entwickeln Sie persönliche Reife und nehmen Sie die Position ein, die Sie davon abhält, ein Opfer zu sein. Stehen Sie für sich selbst ein.

Nehmen Sie sich einen Moment Zeit, um Ihre Vergangenheit zu betrachten und zu sehen, ob Ihre Verfasstheit automatisch, vererbt oder das Ergebnis einer in der Kindheit erworbenen Gewohnheit ist. Es kann schwierig und entmutigend sein, die Perspektive, Opfer zu sein, zu verlagern und die Dynamik zu verändern, aber es lohnt sich. Suchen Sie bei Bedarf nach Unterstützung.

Wenn Sie in einer Beziehung emotional erpresst werden, haben Sie immer noch die Wahl. Sie können die Dinge sein lassen, wie sie sind, auf eine gesündere Situation hinarbeiten oder entscheiden, dass die Beziehung beendet werden muss. Es gibt Taktiken, den Lebensstil zu verändern, um die Situation zu modifizieren, bevor Sie sich entscheiden, nachzugeben oder aufzugeben.

Es werden zwei Dinge benötigt, um emotionale Erpressung abzuwehren:

- Erlernen Sie die Fähigkeit, nicht aus der Defensive heraus zu kommunizieren.
- Entwickeln Sie Ihre Grenzen und mentale Widerstandskraft.

Wenn Sie sich entscheiden, sich aus einer Situation der emotionalen Erpressung herauszubewegen, erfordert dies viel Mut und

Willenskraft, um das Gefühl des Verärgerns Ihrer Angehörigen zu ertragen. Manchmal können dadurch Ängste aus der Vergangenheit hervorgerufen werden. Viele unserer Ängste leiten sich aus vergangenen Erfahrungen ab, auch wenn wir sie fälschlicherweise als von aktuellen Ereignissen ausgehend ansehen. Wir verwechseln unser früheres Leben mit der Gegenwart und deshalb handeln wir, wenn wir verletzt werden, entsprechend unseren früheren Erfahrungen. Wir können und werden alles tun, um uns vor Ängsten über die Reaktionen anderer Menschen zu schützen.

Aber wenn Sie die Gegenwart von Ihrer Vergangenheit trennen, haben Sie mehr Selbstvertrauen und viel mehr Wahlmöglichkeiten, wie Sie reagieren. Sehen Sie sich selbst nicht als schwach oder unfähig. Ihre persönliche Geschichte muss nicht weiterhin Ihre Gegenwart bestimmen. Glauben Sie an sich selbst und haben Sie die Stärke und Widerstandsfähigkeit, mit Veränderungen umzugehen. Obwohl Sie sich ängstlich fühlen, erlauben Sie sich, sich darauf einzulassen.

Mit der Angst kommen Schuldgefühle, die einen großen Anteil an Ihren Problemen haben können. Genauso wie Sie sich erlauben, mit der Angst umzugehen, können Sie auch diese Schuld ertragen. Ihre Würde, Ihre Selbstachtung und Ihre emotionale Gesundheit werden es Ihnen letztlich danken.

Werfen Sie einen genaueren Blick auf Ihre Ängste und Schuldgefühle. Stellen Sie sich die folgenden Fragen:

- Tue ich etwas Boshaftes?
- Handele ich herzlos?
- Habe ich mich missbräuchlich verhalten?
- Habe ich jemanden gekränkt oder hatte ich die Absicht, jemanden zu kränken?
- Habe ich durch mein Handeln jemanden erniedrigt?
- Ist mein Verhalten beleidigend?
- Richte ich durch mein Verhalten Schaden an?

Wenn Ihre Antwort ein ehrliches „Nein" auf diese Fragen ist, dann sollten Sie sich nicht schuldig fühlen. Wenn Sie mit „Ja" antworten, dann müssen Sie Ihr Verhalten grundlegend ändern. Eine Veränderung mag am Anfang unangenehm erscheinen, aber versuchen Sie, dieses Unbehagen als einen Neuanfang in Ihrer Beziehung zu sehen, als einen Weg zu größerer Reife.

Viele Menschen denken, dass sie erst noch stärker werden müssen, bevor sie konstruktive Schritte zur Überwindung emotionaler Erpressung unternehmen können. Die Wahrheit ist, dass sich das Gefühl Ihrer Stärke automatisch einstellt, wenn Sie anfangen, zu einem neuen Denk- und Verhaltensmuster überzugehen.

Andere mögen sich von Ihrer Veränderung überrascht fühlen und negativ reagieren. Lassen Sie dies zu, nehmen Sie es aber nicht persönlich. Scheuen Sie nicht davor zurück, Ihre Entschlossenheit gegen emotionale Erpressung aufzubauen. Es wird sich anfangs nicht großartig anfühlen, aber das ist immer noch in Ordnung.

Die Taktik eines Täters gedeiht durch Konfrontation und Eskalation. Das Opfer wird in der Machtstruktur immer weiter nach unten gedrängt. Wenn wir emotional mit jemandem verbunden sind und von ihm Kritik erhalten, neigen wir natürlich dazu, in die Defensive zu gehen. Doch Abwehrhaltung erzeugt bei der anderen Person eine ähnliche Reaktion. Finden Sie nicht-abwehrende Wege, um mit Ihrem Erpresser zu kommunizieren, dann wird er nicht an Sie herankommen und Sie können die Dynamik verlagern.

Erinnern Sie sich an dieses Mantra! Wenn Sie das nächste Mal jemand bittet, etwas zu tun, mit dem Sie nicht einverstanden sind, dann ist ANHALTEN das erste, was Sie tun müssen. Atmen Sie tief ein. Das hilft Ihnen, aus der Situation und den gewohnten Abwehrreaktionen herauszukommen.

Sagen Sie anstatt eines unverblümten „Ja" oder „Nein": „Ich bin im Moment nicht in der Lage, die Entscheidung zu treffen, ich muss darüber nachdenken." Das wird Ihnen Zeit geben, sich zu beruhigen, Ihre Kräfte zu sammeln und sich ohne Angst und Druck mit Ihren Gedanken zu befassen. Wenn Sie im Gleichgewicht sind und sowohl Ihren Intellekt als auch Ihre Emotionen überprüfen können, sind Sie imstande, eine vernünftige Entscheidung zu treffen.

## Wie man die Fähigkeiten der nicht defensiven Kommunikation entwickeln kann

Nicht defensive Kommunikation ist ein Kommunikationsstil, der die Defensivmanöver und Machtkämpfe vermeidet, die dazu tendieren, einen Streit oder einen Konflikt zu entfachen.

Das Gegenteil von nicht defensiver Kommunikation ist das Kriegsmodell, das den Konflikt verstärkt, weil der Schwerpunkt eher auf dem Sieg über das Streitgespräch als auf der eigentlichen Lösung des Problems liegt. Kommunikation nach dem Kriegsmodell löst eine defensive Reaktion aus, die den emotionalen Teil des Gehirnes aktiviert, welcher die „Kampf-oder-Flucht-Reaktion" steuert. Infolgedessen reagieren Personen impulsiv und nicht rational. Dies reduziert ihre Fähigkeit, effektiv zu kommunizieren.

Wenn wir defensiv sind, beteiligen wir uns an Machtkämpfen als Teil der „Kampf-oder-Flucht-Reaktion". Manchmal zieht sich eine Person sogar zurück und kapituliert. Diese Verwundbarkeit macht uns anfällig für Verletzungen oder Angriffe.

Wir alle haben eine natürliche Neigung, in die Defensive zu gehen, um uns vor Kritik zu schützen. Wenn Sie während der Kommunikation mit anderen defensiv werden, wird es für die Menschen um Sie herum schwieriger, dem zuzuhören, was Sie sagen. Es wird auch schwierig, ihre Version der Dinge zu hören.

Vielleicht haben Sie das bei kritischen Gesprächen mit Ihrem Ehepartner, Chef, Kollegen oder Freunden beobachtet. Wenn Sie defensiv werden, wird die andere Person wahrscheinlich genauso reagieren. Das Ergebnis ist letztlich Frustration und Erschöpfung, wobei keiner von Ihnen bekommt, was er will.

Um dies zu vermeiden, entwickeln Sie nicht defensive Kommunikationsfähigkeiten, indem Sie diese drei Schritte befolgen:

1. **Halten Sie Ihre Beobachtungen fest**

   Um Ihr Gespräch nicht in einer defensiven Weise zu beginnen, vermeiden Sie es, die andere Person für das Problem verantwortlich zu machen. Achten Sie darauf, keinen Rufmord an der anderen Person zu begehen. Konzentrieren Sie sich stattdessen auf das, was Sie sehen oder hören.

   Sagen Sie zum Beispiel nicht „Du hast die Kleider nicht gebügelt", sondern „Ich sehe, dass die Kleider nicht gebügelt sind."

   Oder sagen Sie anstatt „Du kommst immer zu spät" lieber „Ich scheine immer als Erster im Büro zu sein."

   Im Vergleich zu Aussagen, die mit „du" oder „Sie" beginnen, klingen Sie weniger kritisch und lassen Ihre Zuhörer weniger defensiv wirken, wenn Sie „Ich"-Aussagen verwenden.

2. **Beschreiben Sie Ihre Gefühlslage**

   Geben Sie im Anschluss an Ihre Beobachtung einen Kommentar dazu ab, wie Sie sich aufgrund dieses Verhaltens fühlen. Das hilft dem Zuhörer, sich besser auf das betreffende Problem zu beziehen. Ihre Gefühle hier auszudrücken ist mehr als nur eine einfache Antwort auf die Frage „Wie fühlen Sie sich bei einer bestimmten Sache?" Sie müssen Ihre Gefühle richtig identifizieren und ausführlich schildern, damit Sie sich besser auf Ihre Gesprächspartner beziehen können.

   Sagen Sie zum Beispiel anstelle von „Du machst mich wütend", den Satz „Ich fühle mich frustriert und blockiert."

## 3. Bitten Sie um ein spezifisches Verhalten

Der kritischste Teil eines nicht defensiven Gespräches ist die Frage, wie man in Zukunft andere Haltungen und Handlungen einfordert. Indem Sie einen solchen Wunsch äußern, lassen Sie die andere Person wissen, dass Sie keinen Groll oder Vorbehalt gegen sie haben. Stattdessen möchten Sie auf eine konstruktive Lösung des Problems hinarbeiten.

Zum Beispiel: „Ich würde mich freuen, wenn du diese Papiere vor dem Abendessen vom Tisch nehmen könntest."

Wenn Sie die oben genannten Schritte gewissenhaft befolgen, können Sie die Fähigkeiten der nicht defensiven Kommunikation schnell erlernen und Ihre Gespräche erfolgreich gestalten. Indem Sie höflich und respektvoll kommunizieren, spielen Sie die Rolle der „stärkeren Person".

Zögern Sie nichts hinaus. Warten Sie nicht ab, um das Thema anzusprechen, sonst werden Ihre unterdrückten Emotionen eskalieren und Sie werden nicht in der Lage sein, Ihr Gespräch produktiv zu gestalten.

Eine nicht defensive Kommunikation braucht Übung und Zeit, um erfolgreich zu sein. Halten Sie durch, es ist die Mühe wert.

Nicht defensive Kommunikation erfordert, dass eine Person ihre Grundeinstellung ändert. Sie zwingt sie dazu, die Art und Weise zu ändern, in der sie Fragen stellt, Rückmeldungen gibt, Gefühle ausdrückt und Meinungen äußert. Es kann gut sein, dass sie ihren Tonfall, ihre Ausdrucksweise und ihre Körpersprache ändern muss.

Wenn Sie diese Schritte der nicht defensiven Kommunikation mit Beharrlichkeit verfolgen, fühlen Sie sich ermächtigt. Der Erpresser kann Sie nicht erfolgreich angreifen oder Sie Ihrer Kräfte berauben.

## Wie man am Arbeitsplatz für sich selbst einsteht, ohne defensiv zu werden

Am Arbeitsplatz spielt nicht jeder nach fairer Büropolitik. Sie werden feststellen, dass Menschen auf eine Weise über Ihre Arbeit sprechen, die sich negativ auf Ihren Ruf auswirken kann. Eine Person kann Ihnen zu Unrecht vorwerfen, etwas falsch gemacht zu haben oder das Ansehen für eine Arbeit an sich reißen, die Sie geleistet haben. Es kann zu Missverständnissen kommen und man zeigt mit dem Finger auf Sie.

Es ist wichtig, dass Sie für sich selbst einstehen. Sie können es sich nicht leisten, still zu bleiben und darauf zu warten, dass die Wahrheit von selbst ans Licht kommt. Sie müssen eine aktive Rolle einnehmen, indem Sie für sich selbst einstehen und Ihren Ruf aufbauen oder verteidigen.

Es ist nicht nur wichtig, für sich selbst einzutreten. Auch die Art und Weise, wie man es tut, spielt eine Rolle. Für sich selbst einzustehen ist eine Kommunikationsfähigkeit, die Übung und Zeit braucht, um optimiert zu werden. Man muss es tun, ohne feindselig zu wirken. Wenn Sie einen aggressiven Kommunikationsstil verwenden, wird es schwierig sein, die Leute dazu zu bringen, sich Ihre Seite der Geschichte anzuhören.

Nehmen wir an, an Ihrem Arbeitsplatz wäre etwas passiert. Sie werden Ihre Version darüber haben, was passiert ist und andere werden sich ihr eigenes Urteil bilden. Es kann sein, dass beides nicht übereinstimmt. Wenn Sie versuchen, andere mit Gewalt von Ihrer Wahrnehmung zu überzeugen, greifen Sie sie im Grunde genommen an. Sie werden die klassischen „Mein Wort gegen Ihr

Wort"-Phrasen verwenden und defensiv klingen. Je mehr Sie darauf bestehen, dass Sie derjenige sind, der die Wahrheit sagt, desto mehr impliziert dies, dass die andere Person lügt. Sie werden nur noch schlimmer klingen. Das Ziel, für sich selbst einzustehen, besteht darin, die Fassung zu bewahren, anderen zu zeigen, dass Sie von Ihrer Arbeit überzeugt sind und sich nicht so leicht ausnutzen lassen.

Befolgen Sie diese vier Tipps, um für sich selbst einzustehen, ohne abweisend und defensiv zu klingen:

1. **Bewahren Sie die Fassung, sprechen Sie in einem ruhigen Ton**

   Dies fällt besonders schwer, wenn jemand schlechte Dinge über Sie gesagt hat. Aber es ist entscheidend, wenn Sie den besten Ansatz wählen wollen, um für sich selbst zu sprechen. Ihre Kommunikation wird scharf und rachsüchtig, wenn Ihr Urteilsvermögen von Ihren Emotionen beeinträchtigt wird. Wenn Sie aus Ihren Emotionen heraus handeln, klingen Sie defensiv und verletzlich, ohne das Ziel zu erreichen, sich bestmöglich für Ihre eigenen Interessen einzusetzen. Wenn Sie hingegen gelassen bleiben, werden die Menschen eher auf das hören, was Sie zu sagen haben.

2. **Kommunizieren Sie Ihre Sicht der Dinge, ohne mit dem Finger auf andere zu zeigen**

   Wenn jemand Sie beschuldigt, etwas falsch gemacht zu haben, ist es eine impulsive Reaktion, zu sagen „Nein, ich habe es nicht getan. Sie lügen." Eine solche Aussage klingt eher defensiv. Alternativ können Sie auch so etwas sagen wie „Ich bin von dieser Nachricht überrascht. Ich bin mir nicht sicher, warum Sie der Meinung sind, dass ich es war, aber ich bin, bei allem Respekt, anderer Meinung." Wenn Sie diesen Weg einschlagen, konzentrieren Sie sich in Ihrem Gespräch auf Ihre Reaktionen und die Fakten, die auf Sie deuten, nicht auf die Person, die Sie beschuldigt hat.

### 3. Nehmen Sie die Haltung des Klügeren ein

Manchmal interpretieren die Menschen das, was geschieht, nicht richtig und das führt zu Missverständnissen. Sie schieben die Schuld auf Sie, weil sie die Situation aus Ihrer Sicht nicht verstehen. Anstatt mit dem Finger auf sie zu zeigen, seien Sie der Klügere und antworten Sie mit den Worten „Das ist vielleicht ein Missverständnis." Auf diese Weise werden Sie großzügiger und bereitwilliger erscheinen, gesunde Beziehungen am Arbeitsplatz aufzubauen.

### 4. Stützen Sie Ihre Perspektive mit Fakten

Sie können Ihren Fall nicht darlegen, ohne dass es Fakten gibt, die dies belegen. Ändern Sie sie nicht, um die Situation zu Ihren Gunsten zu wenden. Präsentieren Sie einfach die Fakten, die belegen, warum Sie mit der Meinung der anderen nicht einverstanden sind, ohne sie dafür verantwortlich zu machen. Es ist auch wichtig zu wissen, wann Sie für sich selbst einstehen müssen. Wenn jemand in einer Gruppe sagt, dass Sie etwas getan haben, was nicht den Tatsachen entspricht, ist es nicht immer ratsam, sofort mit Nachdruck dafür einzutreten. Stattdessen könnten Sie einfach sagen, dass Sie von den Vorwürfen überrascht und nicht einverstanden sind. Denken Sie daran, dass es ein Missverständnis sein könnte. In diesem Fall haben Sie sich vor der Gruppe immer noch für sich selbst eingesetzt, aber ohne die Person zu beschuldigen und auf Einzelheiten einzugehen. Das zeigt Ihre Gelassenheit und Ihre Kommunikationsfähigkeit, was einen guten Eindruck hinterlässt.

## Wie man mentale Widerstandsfähigkeit entwickelt

Das Leben ist manchmal hart. Können Sie sich im Ernstfall schnell wieder aufrichten? Passen Sie sich an? Oder haben Sie das Gefühl, dass Sie keine andere Wahl haben, als unterzugehen? Wenn ja, deutet das darauf hin, dass Sie von Natur aus nicht sehr widerstandsfähig sind. Aber das ist kein Grund zur Sorge. Es gibt viele Möglichkeiten, wie Sie Ihre psychische Belastbarkeit verbessern können. Sie können sie durch Übung, harte Arbeit und Disziplin erlernen und verfeinern.

Unser Leben kann durch verschiedene Umstände in Mitleidenschaft gezogen werden. Das kann ein Todesfall sein, der Verlust des Arbeitsplatzes oder das Ende einer Beziehung. Trotzdem bieten solche Herausforderungen die Chance, sich zu einem stärkeren Menschen zu entwickeln.

## Wie man mentale Stärke erlangt

Mentale Stärke zu haben, bedeutet, in der Lage zu sein, mit belastenden Situationen, Problemen und Herausforderungen in unserem Leben umgehen zu können. Dies sind die Gelegenheiten, in denen wir uns der Herausforderung stellen und unser Bestes geben, auch wenn wir uns in schwierigen Situationen befinden. Der Aufbau mentaler Stärke ist grundlegend, um unser Leben bestmöglich zu gestalten. So wie wir für unsere körperliche Gesundheit Sport treiben und uns richtig ernähren, müssen wir auch unsere mentalen Muskeln durch psychologische Hilfsmittel und Techniken trainieren.

Eine gute psychische Gesundheit verhilft uns zu einem glücklicheren Leben, zu besseren Freundschaften und sozialen Bindungen und wirkt Wunder für unser Selbstvertrauen. Sie hilft uns, mit den schwierigen Situationen umzugehen, mit denen wir uns möglicherweise konfrontiert sehen.

Um eine stabile psychische Gesundheit zu haben, muss man an dieser arbeiten. Es kann eine Weile dauern, bis man Ergebnisse sieht, aber es ist möglich. So wie man körperliche Erfolge bei regelmäßiger Bewegung erzielt, so wird die mentale Stärke durch die Entwicklung guter psychischer Verfasstheit aufgebaut, die unseren Geist und unsere Seele stärken.

Für die körperliche Gesundheit müssen Sie einige Dinge, wie etwa Junk Food, hinter sich lassen. In ähnlicher Weise sollten Sie sich für mentales Wachstum von ungesunden Gewohnheiten, wie Selbstmitleid oder die Schuldzuweisung an Dritte, distanzieren.

## Der Aufbau von Belastbarkeit und geistiger Robustheit

Die American Psychological Association definiert mentale Widerstandskraft als „den Prozess, sich trotz Widrigkeiten, Traumata, Tragödien, Bedrohungen oder sogar erheblichen Stressquellen gut anzupassen".

Demnach handelt es sich bei mentaler Belastbarkeit um die Fähigkeit, trotz widriger Umstände stark zu bleiben und seinen Fokus sowie seine Entschlossenheit, entgegen aller Schwierigkeiten, mit denen man konfrontiert ist, beizubehalten. Ein mental starker Mensch sieht Widrigkeiten und Herausforderungen eher als Chance anstatt als Bedrohung an und hat Vertrauen sowie einen positiven Ansatz, um konstruktiv mit diesen Hindernissen umzugehen.

## Die vier „S" der mentalen Stärke

1. **Steuerung**

    Haben Sie die Kontrolle über Ihr Leben, einschließlich Ihrer Emotionen und Ihrer Sinne? Inwieweit Sie die Kontrolle darüber haben, diese Elemente zu steuern, zeigt den Grad Ihrer mentalen Stärke an. Diese Kontroll-Komponente kann als Ihr Selbstwertgefühl betrachtet werden.

Je höher Sie auf der Kontrollskala stehen, desto wohler fühlen Sie sich mit sich selbst. Sie können Ihre Emotionen gut steuern, neigen weniger dazu, Ihren Gefühlszustand anderen zu offenbaren und werden weniger von den Einstellungen und Gefühlen anderer Menschen abgelenkt.

Wenn Sie auf der Kontrollskala niedriger stehen, bedeutet dies, dass Sie Situationen persönlich nehmen und glauben, Sie könnten nichts gegen das Geschehene unternehmen.

2. **Selbstverpflichtung**

Dies ist der Maßstab für Ihre persönliche Aufmerksamkeit und Zuverlässigkeit. Wenn Sie auf dieser Skala weit oben stehen, können Sie sich effektiv Ziele setzen und diese konsequent erreichen, ohne sich ablenken zu lassen. Sie sind gut darin, Praktiken und Strategien zu etablieren, die den Erfolg ankurbeln.

Andererseits zeigt ein niedriger Wert auf dieser Skala, wie schwer es Ihnen fällt, sich Ziele und Prioritäten zu setzen oder Gewohnheiten anzunehmen, die auf Erfolg ausgerichtet sind. Sie lassen sich auch leicht von anderen Menschen oder rivalisierenden Prioritäten ablenken.

Die Kontroll- und Verpflichtungsskalen repräsentieren den Resilienzteil der mentalen Stärke. Dies ist die Fähigkeit, positiv auf Rückschläge zu reagieren. Sie setzt das Gefühl voraus, dass Sie Ihr Leben unter Kontrolle haben und eine Veränderung herbeiführen können. Sie brauchen außerdem Konzentration und die Fähigkeit, Gewohnheiten und Ziele festzulegen, die Sie wieder auf den richtigen Weg zu Ihrem Erfolg bringen.

3. **Schwierigkeiten bewältigen**

Eine Herausforderung zeigt Ihnen, inwieweit Sie motiviert sind und sich anpassen können. Ganz oben auf der Herausforderungsskala zu stehen bedeutet, dass Sie entschlossen sind, Ihr persönliches Optimum zu erreichen und Widrigkeiten als Chance und nicht als Bedrohung zu sehen. Sie sind psychologisch agil und flexibel. Niedrig auf dieser zu stehen bedeutet, dass Sie Veränderungen als Bedrohung wahrnehmen und schwierige Situationen aus Angst vor dem Scheitern vermeiden.

### 4. Selbstvertrauen

Selbstvertrauen ist die Fähigkeit, produktiv und entschlossen zu sein. Dies ist Ihr Glaube daran, dass Sie andere beeinflussen können. Wenn Sie auf der Selbstvertrauensskala weit oben stehen, bedeutet das, dass Sie Aufgaben erfolgreich erledigen, Rückschläge auf Ihrem Weg hinnehmen und gleichzeitig Ihre Entschlossenheit bewahren und stärken können. Ein niedriger Wert auf dieser Skala zeigt, dass Sie sich leicht über Enttäuschungen ärgern und glauben, dass Sie nicht leistungsfähig sind oder dass es Ihnen an der Fähigkeit fehlt, andere Menschen zu beeinflussen.

Die Skalen der Herausforderung und des Selbstvertrauens repräsentieren den Teil der Selbstwirksamkeit der mentalen Stärke. Sie stellen die Fähigkeit einer Person dar, eine Chance zu erkennen und zu ergreifen und die Situationen als Möglichkeiten zu sehen, die es zu erkunden gilt. Wenn Sie Vertrauen in sich selbst haben, können Sie leicht mit anderen interagieren und werden Probleme eher in erfolgreiche Resultate umwandeln.

**Wie sich Widerstandsfähigkeit aufbauen lässt**

Die Widerstandsfähigkeit kann durch Konzentration, gute Angewohnheiten und harte Arbeit verbessert werden. Dafür gibt es viele Strategien. Sie müssen jedoch herausfinden, welcher Ansatz für Sie am besten funktioniert. Der Grad Ihrer psychischen Belastbarkeit wird nicht durch zufällige Faktoren bestimmt. Sie kann Ihr ganzes Leben lang verbessert werden. Nachfolgend finden Sie verschiedene Strategien und Techniken zur Verbesserung Ihrer psychischen Belastbarkeit:

1. **Entwickeln Sie neue Fähigkeiten**

   Das Erlernen neuer Fähigkeiten ist ein integraler Bestandteil des Aufbaus von Widerstandsfähigkeit, weil es dazu beiträgt, Vertrauen in Ihre Lern- und Wachstumsfähigkeit aufzubauen. Diese inneren und äußeren Qualitäten können in herausfordernden Zeiten genutzt werden und steigern auch Ihr Selbstwertgefühl und Ihre Problemlösungskompetenz. Mithilfe des kompetenzbasierten Lernens können Sie in das Erlernen neuer Aktivitäten investieren.

   Wenn Sie außerdem neue Fähigkeiten in einer Gruppenumgebung erwerben können, haben Sie den zusätzlichen Vorteil der sozialen Unterstützung, die ebenfalls beim Aufbau von Widerstandsfähigkeit hilft.

2. **Setzen Sie Ihre Ziele**

Entwickeln Sie die Kompetenz, zu analysieren, was Sie erreichen wollen und welche Schritte dafür notwendig sind, mit denen Sie dorthin gelangen wollen, um entsprechend zu handeln. Dies wird dazu beitragen, Willenskraft und geistige Belastbarkeit zu entwickeln. Diese Ziele können verschiedene Dinge repräsentieren, ob es nun mit Ihrer körperlichen Gesundheit, Ihrem emotionalen Wohlbefinden, Ihrer Karriere, Ihren Finanzen oder Ihrer Spiritualität zu tun hat.

Wenn Sie Ziele haben, die das Erlernen neuer Fähigkeiten erfordern, hat das einen doppelten Nutzen, zum Beispiel das Erlernen einer neuen Sprache oder das Erlernen eines Musikinstrumentes. Sich Ziele zu setzen und auf sie hinzuarbeiten, seien es Ziele mit einer spirituellen Dimension oder im Rahmen ehrenamtlicher Arbeit für benachteiligte Menschen, kann immens lohnend sein und beim Aufbau von Belastbarkeit helfen. Das liegt daran, dass solche Aktivitäten einen tieferen Einblick in das Leben ermöglichen, was sich in schwierigen Zeiten als wertvoll erweist.

### 3. Kontrollierte Konfrontation

Eine kontrollierte oder sukzessive Konfrontation mit Angst auslösenden Situationen hilft den Menschen, ihre Ängste schneller zu überwinden. Forschungsstudien zeigen, dass dies, neben Strategien zum Erwerb von Fähigkeiten und zur Festlegung von Zielen, die Widerstandsfähigkeit stärken kann.

So ist zum Beispiel das Reden in der Öffentlichkeit eine nützliche Lebenskompetenz, die bei vielen Menschen aber auch Angst auslöst. Solche Menschen könnten sich kleinere Ziele einer kontrollierten Konfrontation setzen, um die entsprechende Fähigkeit zu erwerben. Sie könnten damit beginnen, vor einer kleinen Anzahl von Freunden zu sprechen. Nachdem sie ein gewisses Vertrauen in diese Aufgabe gewonnen haben, können sie sich einem größeren Publikum zuwenden.

Folgende weitere elf Strategien zum Aufbau psychischer Widerstandsfähigkeit sind von der American Psychology Association formuliert worden:

### 1. Formen Sie Bindungen

Sie können Ihre Belastbarkeit durch gesunde Beziehungen zu Familie, Freunden und der Gemeinschaft stärken. Beziehungen zu Menschen in Ihrem Leben aufzubauen, die Ihnen wichtig sind und Ihnen in schwierigen Zeiten helfen, kann immens nützlich sein, um den Geist zu fordern und uns zum Bewusstsein zu bringen, dass ein Licht am Ende des Tunnels ist. Ebenso hilft es Ihnen, wenn Sie anderen in schwierigen Zeiten helfen.

## 2. Krisen sind keine Katastrophen

Auch wenn wir mit Problemen konfrontiert werden, dürfen wir nicht vergessen, dass es unsere Reaktionen sind, die uns definieren. Wenn wir uns mit dem befassen, was vor uns liegt und in die Zukunft blicken, können wir darauf vertrauen, dass sich die Dinge zum Besseren wenden werden. Dieser einfache Glaube kann uns ein besseres Gefühl geben und die nötige Kraft schenken, mit der Situation umzugehen.

## 3. Akzeptieren Sie, dass Veränderungen unvermeidbar sind

Das Leben ist von Natur aus einem ständigen Wandel unterworfen. Was wir uns in einer bestimmten Phase unseres Lebens wünschen, hat sich vielleicht einige Jahre später geändert. Es kann sein, dass einige Ziele angepasst werden müssen. Indem Sie sich mit den Faktoren abfinden, die Sie nicht ändern können oder die nicht unter Ihrer Kontrolle stehen, können Sie sich auf die Themen konzentrieren, die realistischerweise bewältigt werden können.

## 4. Bewegen Sie sich in Richtung Ihrer Ziele

Neben der Festlegung Ihrer Ziele ist es auch wichtig, sicherzustellen, dass diese realistisch sind. Durch das Erstellen kleiner, umsetzbarer Schritte werden Ihre Ziele erreichbar. Versuchen Sie, auf Ihrem Weg realistische Erfolge in kleinen Schritten zu erreichen, anstatt zu versuchen, alles auf einmal zu bewältigen.

## 5. Treffen Sie entschlossene Entscheidungen

Anstatt vor Problemen davonzulaufen oder davon zu träumen, dass sie sich in Luft auflösen werden, sollten Sie entschlossene Maßnahmen ergreifen, um diese Probleme auf die bestmögliche Art und Weise zu lösen.

6. **Halten Sie nach Möglichkeiten Ausschau, sich selbst neu zu erfinden**

Missgeschicke in Ihrem Leben erzeugen Stress, können aber eine sinnvolle Quelle des Lernens und der persönlichen Entwicklung sein. Wenn Sie herausfinden, wie Sie mit einer schwierigen Situation umgehen und sie erfolgreich durchstehen, können Sie Ihr Selbstvertrauen stärken, Ihre Stimmung verbessern, Ihre Beziehungen festigen und tiefere Einsichten gewinnen. In diesen herausfordernden Zeiten können Sie Ihre verborgenen Stärken freisetzen. Manchmal kann es ein Weg sein, der uns das Leben umso mehr schätzen lässt.

7. **Pflegen Sie ein positives Selbstbild**

Wenn Sie auf Ihre Ziele hinarbeiten und Ihr Selbstvertrauen stärken, bauen Sie gleichzeitig Ihre Widerstandskraft auf. Eine positive Sichtweise von sich selbst ist auch der Kern der Problemlösung.

8. **Vermeiden Sie Schwarzmalerei, behalten Sie die Perspektive**

Wenn es schwierig wird, denken Sie daran, dass viele Menschen in ihrem Leben ähnliche Schwierigkeiten haben. Letztlich ist das alles Teil des Menschseins. Lassen Sie nicht zu, dass Sie das Problem schlimmer sehen, als es ist. Achten Sie darauf, dass Sie die Zukunft im Auge behalten, wenn Ihnen die Gegenwart herausfordernd erscheint.

9. **Bleiben Sie optimistisch**

Wenn Sie sich auf den negativen Teil der Situation konzentrieren, geben Sie Ihren Ängsten nach. So fällt es Ihnen schwer, zu wissen, was zu tun ist. Bleiben Sie guter Dinge und seien Sie zuversichtlich, dass Sie die Schwierigkeiten bewältigen können. Überlegen Sie sich, wie Sie damit umgehen können und Sie werden wahrscheinlich selbst überrascht sein.

10. **Achten Sie auf sich selbst**

    Sich um sich selbst zu kümmern ist etwas, das nicht unterschätzt werden sollte. Es wird Ihnen helfen, mit harten und stressigen Umständen besser umzugehen. Zur Selbstfürsorge gehören Dinge wie das Achten auf Ihre Gefühle und jene Aktivitäten, die Ihnen helfen, sich glücklicher und zufriedener zu fühlen. Die Ausübung von Hobbys, Sport und kreativen Tätigkeiten sind äußerst nützlich.

11. **Andere Möglichkeiten, um Ihre Widerstandskraft zu stärken**

    Es kann eine großartige Idee sein, einen Kurs in Meditation oder ähnlichen mentalen Disziplinen zu belegen. Techniken wie diese sind hilfreich, um den Verstand zu beruhigen und die Belastbarkeit zu verbessern.

## Strategien zum Aufbau von Widerstandskraft

Wie bereits erwähnt, wird der richtige Ansatz zum Aufbau von Widerstandsfähigkeit von Mensch zu Mensch unterschiedlich ausfallen. Jeder Mensch reagiert auf traumatische und belastende Ereignisse des Lebens auf seine eigene Weise. Daher kann es sein, dass etwas, das für den einen Menschen funktioniert, für den anderen nicht geeignet ist. Dies sind die beiden grundlegenden Empfehlungen:

### *Lernen Sie aus der Vergangenheit*

Betrachten Sie Ihre bisherigen Erfahrungen und Kraftquellen, um einen Einblick zu erhalten, welche Strategien zur Stärkung der Widerstandsfähigkeit für Sie geeignet sind. Die American Psychology Association empfiehlt, sich folgende Fragen zu stellen, um zu beurteilen, wie Sie in der Vergangenheit auf herausfordernde Situationen reagiert haben:

1. Welche Art von Ereignis haben Sie am belastendsten empfunden?
2. Wie wurden Sie von diesen Ereignissen beeinflusst?
3. Hat es Ihnen in solchen Situationen geholfen, an jene Menschen zu denken, die Ihnen wichtig sind?
4. An wen haben Sie sich gewandt, wenn Sie sich mit Ihren Traumata auseinandergesetzt haben?
5. Was haben Sie in diesen herausfordernden Zeiten über sich selbst gelernt?
6. Hilft es Ihnen, jemanden in einer ähnlichen Situation zu begleiten?
7. Ist es Ihnen gelungen, Hürden zu überwinden? Wenn ja, wie?
8. Was gibt Ihnen Zuversicht für die Zukunft?

### *Bleiben Sie flexibel*

Belastbar zu sein bedeutet, eine flexible Denkweise zu haben. Wenn Sie in Ihrem Leben stressigen Umständen und Ereignissen ausgesetzt sind, ist es notwendig, Flexibilität und Gleichgewicht auf folgende Weise zu bewahren:

1. Erlauben Sie sich, starke Gefühlslagen zu durchlaufen. Seien Sie aber auch in der Lage, zu erkennen, wann Sie diese zur Seite schieben sollten, um wieder funktionieren zu können.
2. Leiten Sie die notwendigen Maßnahmen ein, um sich Ihren Problemen und täglichen Herausforderungen zu stellen.

Behalten Sie sich jedoch vor, manchmal etwas zurückzutreten, um sich auszuruhen und Ihre Energiereserven wieder aufzuladen.

3. Verbringen Sie Zeit mit ihren Lieben, die Ihnen Unterstützung und Ermutigung bieten können und achten Sie auf sich selbst.

4. Verlassen Sie sich auf andere, aber zählen Sie auch auf sich selbst.

Manchmal reicht die Unterstützung von Familie und Freunden nicht aus. Sie müssen wissen, wann Sie Hilfe von außen in Anspruch nehmen sollten, wie zum Beispiel von Selbsthilfe- und Unterstützungsgruppen, Büchern und Publikationen, Online-Ressourcen oder einer lizenzierten psychiatrischen Fachkraft.

Bücher, Publikationen und Online-Ressourcen bieten eine Fülle von Informationen, die Ihnen zeigen, wie andere Menschen schwierige und herausfordernde Situationen erfolgreich bewältigt haben. Dies sind wertvolle Ressourcen der Motivation, Inspiration und Möglichkeiten zum Umgang mit Stress und Traumata. Vergewissern Sie sich jedoch immer, dass Sie sich auf eine verlässliche Quelle berufen.

Der Austausch Ihrer Erfahrungen, Emotionen und Ideen in Selbsthilfegruppen kann Ihnen Erleichterung und Trost bringen. Dies wird Ihnen das Gefühl geben, dass es jemanden gibt, auf den Sie sich in schwierigen Zeiten verlassen können.

Wenn sich andere Methoden als erfolglos erweisen, ist es am besten, professionelle Hilfe bei einem Fachmann für psychische Gesundheit zu suchen. Sprechen Sie mit einem lizenzierten Therapeuten, wenn Sie aufgrund schmerzhafter Ereignisse in Ihrem Alltag nicht funktionieren können.

## Widerstandsfähige Beziehungen

Auch in Beziehungen ist Belastbarkeit ein wesentlicher Aspekt. Beziehungen erfordern ständige Aufmerksamkeit und Pflege, besonders in Zeiten der Not. Bestimmte Beziehungen können besser überleben als andere. Das liegt daran, dass sie die gegenseitige Widerstandskraft fördern. Die sieben Merkmale belastbarer Beziehungen sind:

1. **Aktiver Optimismus**

   Optimismus bedeutet nicht nur, dass man hofft, dass die Dinge besser werden, sondern dass man daran glaubt, dass sie besser werden und dann entsprechend handelt. Optimismus in einer Beziehung ist gleichzusetzen mit einer Vereinbarung, kritische, verletzende und zynische Kommentare zu vermeiden und gemeinsam daran zu arbeiten, die Kraft der positiven Lebenseinstellung zu nutzen.

2. **Ehrlichkeit, Integrität, Verantwortungsübernahme für das eigene Handeln und die Bereitwilligkeit, zu verzeihen**

   Wenn sich zwei Menschen, die in einer Beziehung involviert sind, verpflichten, die Verantwortung für ihre Handlungen anzuerkennen, sich gegenseitig die Loyalität zu erweisen und einander zu verzeihen, werden sie in ihrer Beziehung Widerstandskraft entwickeln.

3. **Entschlossenheit**

   Es ist von entscheidender Bedeutung, den Mut zum Handeln zu haben, auch wenn dies in einer Beziehung Ängste hervorrufen kann. Entscheidungskraft kann erfordern, dass eine toxische Beziehung beendet werden muss. Eine solche Entschlossenheit kann Ihre Widerstandsfähigkeit fördern.

## 4. Beharrlichkeit

Beharrlichkeit steht für Ausdauer und die Fähigkeit, angesichts von Entmutigung, Rückschlägen und Misserfolgen, durchzuhalten. Denken Sie daran, dass es in Ihren Beziehungen immer Höhen und Tiefen geben wird, sowohl in guten als auch in schwierigen Zeiten. Aber dass Sie gut durchhalten können, zeugt von Ihrer mentalen Stärke.

## 5. Selbstbeherrschung

Im Kontext von Beziehungen ist Selbstbeherrschung die Fähigkeit, Impulse zu kontrollieren, Versuchungen zu widerstehen und Befriedigung hinauszuzögern. Dies sind wünschenswerte Eigenschaften, die helfen, negative Gewohnheiten zu vermeiden und gesunde Praktiken zu fördern, insbesondere in Zeiten der Not.

## 6. Aufrichtige Kommunikation

Offene, ehrliche Kommunikation hält das Gefühl der Zugehörigkeit und Verbundenheit in einer Beziehung aufrecht. Manchmal sind die schwierigsten Gespräche die wichtigsten, die es zu führen gilt.

## 7. Geistesgegenwärtig sein

Geistesgegenwärtig zu sein, hat viele positive Auswirkungen für Sie und auch für Ihren Partner. Dieses Bewusstsein führt zu einem ruhigen, urteilsfreien Denken und einer offenen Kommunikation zwischen dem Paar. Es ermöglicht auch ein gemeinsames Denken und Offenheit für neue Lösungen anstelle gegenseitiger Beschuldigungen und Verurteilungen.

## Wie man lebenslang belastbar wird

Wenn Sie sich für den Rest Ihres Lebens eine starke geistige Belastbarkeit wünschen, dann beginnen Sie jetzt damit, diese aufzubauen. Üben Sie die oben erörterten Strategien und Tipps mit Entschlossenheit. Mit der Zeit werden Sie Ihre Fähigkeit verbessern, sich zu erholen und schwierige Situationen zu bewältigen.

Das Paradoxe an unerwünschten Ereignissen ist, dass Sie beim nächsten Mal umso besser reagieren können, je mehr Sie Ihren Widerstandssinn trainieren.

## Entwickeln Sie emotionale Grenzen in Beziehungen

Wie bereits erwähnt, ist es bei emotionaler Erpressung wichtig, Grenzen zu setzen. Die Fragen, die Ihnen jetzt vielleicht in den Sinn kommen, sind: „Warum sollte ich Grenzen setzen? Wie kann mich das Setzen von Grenzen vor emotionaler Erpressung bewahren?"

Das Setzen von gesunden individuellen Grenzen fördert positive Beziehungen, erhöht Ihr Selbstwertgefühl und verringert Stress, Angst und Frustration. Grenzen helfen, Sie zu schützen, indem sie klar definieren, was Sie in einer Beziehung akzeptieren und was nicht.

Zu solchen Grenzen gehören sowohl physische als auch emotionale Grenzen. Physische Grenzen umfassen Ihren Körper, Ihren persönlichen Bereich und Ihre Privatsphäre. Wenn jemand zu nahe bei Ihnen steht, Sie unangemessen berührt oder die Informationen auf Ihrem Telefon einsieht, verletzt er Ihre physischen Grenzen.

Zu den emotionalen Grenzen gehört die Abgrenzung Ihrer Gefühle von jenen der anderen. Ihre emotionalen Gefühle werden beispielsweise verletzt, wenn Sie Verantwortung für die Gefühle anderer übernehmen, sich Ihre eigenen Gefühle von anderen Menschen vorschreiben lassen, Ihre Interessen opfern, um anderen zu gefallen, anderen Menschen die Schuld für Ihre Probleme geben und übermäßige Verantwortung für die Fehler anderer übernehmen.

Sobald Sie starke Grenzen gesetzt haben, schützen sie Ihr Selbstwertgefühl und Ihre Identität als Individuum sowie Ihr Recht, autonome Entscheidungen im Leben zu treffen.

Es reicht nicht aus, Grenzen zu setzen, wenn Sie diese nicht auch respektieren. Aber die meisten von uns finden es schwierig, gesunde Grenzen konsequent zu setzen, insbesondere emotionale Grenzen. Manchmal ist es hart, überhaupt erkennen zu können, wann diese Grenzen überschritten werden. Der Grund dafür ist die Furcht vor den Folgen, die das Aufzeigen von Grenzen für unsere Beziehungen haben könnte.

Die Warnsignale für die Verletzung Ihrer Grenzen sind Unbehagen, Stress, Angst, Groll, Furcht und Schuldgefühle. Diese Gefühle entstehen dadurch, wenn Sie sich ausgenutzt oder nicht gewürdigt fühlen.

Fragen Sie sich, ob die folgenden Aussagen auf Resonanz bei Ihnen stoßen:

- Sie können keine eigenen Entscheidungen treffen.
- Sie können das, was Sie brauchen, nicht ausreichend kommunizieren.
- Sie können nicht „Nein" sagen.
- Sie fühlen sich kritisiert.
- Sie fühlen sich verantwortlich für die Gefühle anderer Menschen.
- Sie scheinen die Gefühlslage anderer Menschen zu übernehmen.
- In Anwesenheit gewisser Menschen fühlen Sie sich gereizt, ängstlich und besorgt.

Wenn Sie unklare oder überhaupt keine Grenzen haben, werden Sie ein schwaches Gefühl der Selbstidentität und ein Gefühl der Entmachtung haben, wenn Sie Entscheidungen in Ihrem Leben treffen. Infolgedessen werden Sie sich in Bezug auf Ihr Glück und Ihre Entscheidungsverantwortung auf Ihren Partner verlassen, wodurch wichtige Teile Ihrer Identität verloren gehen, was die Gefahr von Co-Abhängigkeit mit sich bringt.

Die Unfähigkeit, Grenzen zu setzen, resultiert auch aus der Angst, in einer Beziehung verlassen zu werden, beurteilt zu werden und die Gefühle eines anderen zu verletzen.

Der erste Schritt zum Aufbau klarer Grenzen besteht darin, zu wissen, wo Ihre Limits liegen. Die eigene Persönlichkeit zu kennen, wer Sie sind, wofür und wofür Sie nicht verantwortlich sind. Sie sind für Ihr Glück, Ihr Verhalten, Ihre Entscheidungen und Gefühle verantwortlich. Sie können nicht für das Glück, das Verhalten, die Entscheidungen und die Gefühle eines anderen zur Rechenschaft gezogen werden.

## Emotionale Grenzen und Sackgassen

Emotionale Grenzen lassen sich in die Kategorien Zeit, Energie, Emotionen und Werte unterteilen. Doch Vorsicht vor den Sackgassen in einer Beziehung. Erkennen Sie einen der folgenden Gedanken wieder, den Sie vielleicht gedacht oder gesagt haben?

- Ich habe keine eigene Identität. Meine Identität erhalte ich durch meinen Partner und ich werde alles tun, um ihn glücklich zu machen.
- Diese Beziehung ist viel besser als die letzte.
- Ich verbringe meine ganze Zeit damit, die Ziele und Aktivitäten meines Partners zu verfolgen. Ich habe keine Zeit für meine eigenen Interessen.
- Mein Partner wird sich ohne mich nicht zurechtfinden.
- Diese Beziehung wird besser werden, wenn ich nur mehr Zeit für sie aufbringe.

- Die meiste Zeit ist die Beziehung großartig - mit Ausnahme einiger weniger Gelegenheiten - und das reicht mir.

## Wie man emotionale Grenzen setzt

Verpflichten Sie sich zunächst, Ihre Identität, Bedürfnisse, Gefühle und Ziele in den Vordergrund zu stellen. Gesunde emotionale Grenzen beginnen mit dem Glauben und der Akzeptanz dessen, wie Sie sich derzeit fühlen. Lassen Sie die Verantwortung los, andere unterstützen zu müssen, für das Resultat fremder Entscheidungen verantwortlich zu sein, andere zu retten oder zu befreien, abhängig von ihrer Zustimmung zu sein oder sich so zu verändern, dass Sie von anderen gemocht werden.

Bereiten Sie eine Liste der Grenzen vor, die Sie ausbauen wollen. Schreiben Sie sie nicht einfach auf, sondern stellen Sie sich vor, wie Sie sie setzen und wie Sie sie anderen selbstbewusst vermitteln. Das Setzen von Grenzen ist ein Prozess. Beginnen Sie also klein, indem Sie zunächst nicht unmittelbar bedrohliche Grenzen setzen, mit ihnen Erfolg haben und dann zu anspruchsvolleren übergehen.

Hier sind einige Beispiele aufgeführt:

- Sagen Sie „Nein" zu Verpflichtungen, für welche Sie keine Lust oder Zeit haben.
- Seien Sie bereit, zu helfen.
- Danken Sie Ihren Mitmenschen ohne Rechtfertigung, Reue oder Verlegenheit.
- Bitten Sie um Hilfe, wenn Sie diese benötigen.
- Delegieren Sie Aufgaben an Ihren Partner oder an Ihre Familienmitglieder.
- Überanstrengen Sie sich nicht. Achten Sie auf Ihre Zeit.
- Bitten Sie um Distanz.
- Wehren Sie sich, wenn jemand mit seinem Verhalten in Ihre Privatsphäre oder Ihren Rückzugsraum eindringt.
- Respektieren Sie sich selbst und Ihre Bedürfnisse.

- Lassen Sie die Schuld und die Verantwortung für andere los.
- Teilen Sie persönliche Informationen nur sukzessive und auf gegenseitige Weise.

Wenn Sie Ihre Grenzen setzen und die Dynamik in der Beziehung verlagern, werden Sie wahrscheinlich auf Widerstand der anderen Person stoßen. Bleiben Sie bei der Sache und kommunizieren Sie weiterhin Ihre Bedürfnisse. Wiederholen Sie die Aussage so oft wie nötig.

Gesunde Beziehungen sind ein Gleichgewicht von Geben und Nehmen. In einer gesunden Beziehung fühlen Sie sich ruhig, sicher, unterstützt, respektiert, umsorgt und bedingungslos akzeptiert. Es steht Ihnen frei, zu sein, wer Sie sind und Sie werden ermutigt, die beste Version von sich selbst zu verkörpern.

In ähnlicher Weise sind gesunde Grenzen auch ein Zeichen für emotionale Stabilität, Selbstachtung und Stärke. Indem Sie Ihre Grenzen setzen, setzen Sie hohe Standards für die Menschen um Sie herum. Erwarten Sie, dass Sie genauso behandelt werden, wie Sie andere behandeln. Bald werden Sie von Menschen umgeben sein, die Sie respektieren, sich um Sie, Ihre Gefühle und Bedürfnisse kümmern und Ihnen mit Freundlichkeit begegnen.

## Zusammenfassung des Kapitels

1. Um mit emotionaler Erpressung umgehen zu können, müssen Sie zunächst die Situationen mit den Warnsignalen der entsprechenden Taktik identifizieren.

2. Wenn Sie sich immer bei Ihrem Partner entschuldigen, selbst für die richtigen Handlungen; wenn Sie Ihrem Partner nichts verwehren können; wenn Sie immer Opfer bringen oder den Forderungen Ihres Partners auf Kosten Ihrer eigenen nachgeben, dann sind Sie das Opfer von emotionaler Erpressung.

3. Verdeutlichen Sie sich die typische FOG-Technik bzw. die Taktik der Angst, Pflicht- und Schuldgefühle, die Erpresser anwenden, um Sie zu manipulieren.

4. Wenn es Ihnen schwerfällt, „Nein" in einer Partnerschaft oder einer anderen Beziehung zu sagen, sind Sie anfällig für emotionale Erpressung. Gewöhnen Sie sich an, Forderungen abzulehnen, die nicht mit Ihren Interessen übereinstimmen.

5. Geben Sie Ihren Bedürfnissen den Vorrang, treten Sie für Ihre Überzeugungen, Ihre Ansichten und Meinungen ein, um emotionale Erpressung zu unterbinden.

6. Setzen Sie klare Grenzen, welches Verhalten Sie akzeptieren und welches nicht. Stellen Sie sicher, dass Ihre Grenzen unter keinen Umständen überschritten werden.

7. Beobachten Sie Ihre Handlungen, um herauszufinden, ob Sie nicht selbst eine dieser Taktiken anwenden, um andere zu manipulieren. Wenn ja, geben Sie Ihr manipulatives Verhalten zu, entschuldigen Sie sich dafür und versichern Sie den Betroffenen, dass Sie bereit sind, Ihr Verhalten zu ändern. Lassen Sie sie das Vertrauen und die Sicherheit in Ihrer Beziehung spüren.

8. Sie brauchen zwei Voraussetzungen, um emotionale Erpressung zu unterbinden: die Entwicklung einer nicht defensiven Kommunikation sowie die Ausarbeitung Ihrer emotionalen Grenzen und Ihrer mentalen Belastbarkeit.

9. Nicht defensive Kommunikation ist der beste Weg, mit einem Erpresser umzugehen. Sie bietet Ihnen eine Möglichkeit, Ihre Gedanken und Gefühle anderen gegenüber auszudrücken, ohne defensiv zu werden oder mit dem Finger auf andere zu zeigen.

10. Wenn Sie einen defensiven Kommunikationsstil verwenden, wird die andere Person ebenfalls defensiv. Das macht es für sie schwierig, Ihre Seite der Geschichte zu hören.

11. Sie können auf eine nicht defensive Art und Weise kommunizieren, indem Sie Ihre Sicht der Situation darlegen, Ihre Gefühle durch „Ich"-Aussagen beschreiben und in Zukunft ein anderes Verhalten fordern.

12. Ihre mentale Stärke entspricht Ihrer Fähigkeit, effektiv mit Stresssituationen umzugehen und das Beste aus sich herauszuholen.

13. Mentale Stärke kann im Laufe der Zeit durch persönliche Entwicklung ausgebaut werden.

14. Geistige Belastbarkeit ist der Prozess, sich gut an die Widrigkeiten in Ihrem Leben anzupassen.

15. Geistige Robustheit ist die Fähigkeit, trotz widriger Umstände stark zu bleiben und seinen Fokus und seine Entschlossenheit beizubehalten.

16. Die Kontrolle über Ihre Emotionen, das Engagement für Ihre Ziele, die Fähigkeit, produktiv zu sein und sich an die Unannehmlichkeiten des Lebens anzupassen, sind zentrale Aspekte der mentalen Belastbarkeit.

17. Der Grad Ihrer geistigen Widerstandsfähigkeit wird nicht von Geburt an festgelegt. Sie können ihn durch Willenskraft, Disziplin und harte Arbeit entwickeln.

18. Es gibt verschiedene Strategien und Techniken, um Ihre geistige Widerstandskraft aufzubauen. Wählen Sie diejenige, die für Sie am besten geeignet ist.

19. Belastbarkeit ist auch für gesunde Beziehungen wichtig. Beziehungen, die die Widerstandsfähigkeit untereinander fördern, haben bessere Überlebenschancen als andere.

## SCHLUSSWORT

Eine gesunde Beziehung hilft Ihnen, sich zu einer besseren Version von sich selbst zu entwickeln. Sie ermöglicht es Ihnen, zu einer liebenswürdigen und selbstbewussten Persönlichkeit heranzuwachsen.

Wenn Sie sich in einer Beziehung erstickt und kontrolliert fühlen, wenn Ihre Bedürfnisse keine Rolle spielen oder Ihnen nicht wohl dabei ist, Ihre Gedanken und Gefühle gegenüber dieser Person auszudrücken, dann hat sich Ihre Beziehung in eine toxische verwandelt.

Toxizität kann sich in die innigsten und engsten Beziehungen einschleichen. Sie kann zwischen Eltern und Kind, Partnern oder Ehepartnern, Liebhabern oder engen Freunden auftreten. Toxizität ist dann in eine Beziehung eingedrungen, wenn eine Person beginnt, die andere zu manipulieren, damit diese ihren Forderungen nachgibt, ohne die Bedürfnisse des Opfers anzuerkennen oder zu respektieren.

Manipulation mag manchmal harmlos erscheinen, ist aber in Wirklichkeit eine emotionale Erpressung bzw. ein emotionaler Missbrauch. Das liegt daran, dass der emotionale Erpresser Ihre Gefühle negativ gegen Sie einsetzt, um das zu bekommen, was er will. Kurz gesagt, er kontrolliert Sie und Ihr Verhalten, um seine Forderungen durchzusetzen.

Es ist wichtig, sich der Anzeichen einer emotionalen Erpressung bewusst zu sein. Entwickeln Sie ein Bewusstsein dafür, dass Sie manipuliert werden. Andernfalls wird die Person Sie weiterhin erpressen und Sie enden in Frustration, Angst und geringem Selbstwertgefühl. Wenn Sie sich der Anzeichen emotionaler Erpressung nicht bewusst sind, können Sie auch nicht mit ihr umgehen oder sie stoppen.

Hier sind einige Beispiele für die Manipulation durch einen emotionalen Erpresser:

- Drohungen an Leib und Leben
- Androhung von Selbstverletzung seitens des Erpressers, wenn Sie seinen Wünschen nicht nachkommen
- Kontrolle über Sie, indem finanzieller Druck ausgeübt wird
- Drohungen, die Beziehung zu Ihnen zu beenden
- Manipulation, damit Sie Mitgefühl für den Erpresser empfinden
- Sie werden dazu gebracht, sich schuldig zu fühlen.
- Sie werden demoralisiert.
- Sie werden emotional verletzt.
- Sie werden der Liebe, Fürsorge und Wertschätzung beraubt.
- Ihnen wird das Gefühl vermittelt, egoistisch und rücksichtslos zu sein.

Der Erpresser benutzt clevere und verdeckte Techniken, um Ihnen einzureden, dass seine Forderungen vernünftig sind und Sie ihnen entsprechend nachkommen müssen. Je mehr Sie jedoch einlenken, desto schlimmer wird die Situation.

Darüber hinaus lernt der emotionale Erpresser Ihre Ängste kennen - tief verwurzelte Ängste, wie Versagensangst, Angst vor Isolation und Erniedrigung, die er gegen Sie einsetzt, um seine Forderungen durchzusetzen.

Aber warum greifen manche Menschen auf emotionale Erpressung zurück?

Emotionale Erpressung wird gewöhnlich als Waffe eingesetzt, um die Kontrolle über die Gedanken und Gefühle eines anderen zu erlangen. Solche Menschen sind im Allgemeinen emotional verunsichert, möglicherweise aufgrund ihrer Erfahrungen mit ähnlichem Missbrauch in der Kindheit. Infolgedessen können sie nicht unterscheiden, was richtig und was falsch ist.

Da sie selbst so aufgewachsen sind, indem sie emotional manipuliert wurden, glauben sie, dass dies der richtige Weg ist, um nach Dingen zu fragen oder ihre Forderungen durchzusetzen. Sie glauben fälschlicherweise, dass sie sich mächtig und gut fühlen, wenn sie anderen das Gefühl geben, machtlos und verletzlich zu sein.

Jeder Mensch, der emotionale Erpressung ausübt, leidet unter geringem Selbstwertgefühl, mangelndem Einfühlungsvermögen und der Neigung, anderen die Schuld für die Probleme in seinem Leben zu geben.

Es ist jedoch wichtig, zu beachten, dass es nicht die Wünsche selbst sind, die die Person zum emotionalen Erpresser machen, sondern vielmehr die Art und Weise, wie diese Ziele erreicht werden sollen. Wenn er oder sie Sie bedroht oder Ihren Bedürfnissen gegenüber unsensibel wird, ist der Begriff „emotionale Erpressung" gerechtfertigt.

Es gibt es sechs progressive Stufen der emotionalen Erpressung:

1. In der ersten Stufe teilt Ihnen der Erpresser seine Forderungen mit und fügt eine emotionale Bedrohung hinzu.

2. Sie widersetzen sich der Forderung des Erpressers.

3. Da der Erpresser keine Ablehnung dulden kann, übt er Druck auf Sie aus, damit Sie der Forderung nachkommen.

4. Als Folge Ihrer Verweigerung wiederholt er seine Drohung.

5. Unter dem Einfluss negativer Emotionen beschließen Sie, den Forderungen des Erpressers nachzukommen.

6. Infolgedessen wird ein Muster festgelegt, nach welchem der Erpresser Ihre Schwachstellen identifiziert und weiß, wie er diese mobilisieren muss, um zu bekommen, was er will.

Der Druck, den er auf Sie ausübt, damit Sie den Forderungen nachgeben, erfolgt im Wesentlichen durch drei Taktiken - Angst, Pflicht- und Schuldgefühle, allgemein als FOG-Technik bekannt.

Die meisten von uns haben verschiedene Arten von Ängsten, wie Angst vor der Isolation, Angst vor dem Unbekannten, Angst vor Konfrontation, Angst vor dem Verlassenwerden, Angst vor schwierigen Situationen und viele mehr. Emotionale Erpresser kennen Ihre Schwachpunkte und wissen, wie sie diese nutzen können, um zu bekommen, was sie wollen.

Ihr Pflichtgefühl auszunutzen, um an Ihre emotionalen Auslöser zu appellieren und Sie zu manipulieren, ist eine weitere bevorzugte Technik emotionaler Erpresser. Dies kann dafür sorgen, dass Sie sich schuldig fühlen, wenn Sie Ihre Versprechen gemäß Ihrer Pflicht nicht einhalten.

All diese Taktiken entspringen der Feigheit. Emotionale Erpresser können Versagen, Verlust, Entbehrung und Frustration nicht tolerieren. In dem Moment, indem sie diese Gefühle erleben, treten sie in Aktion und greifen auf emotionale Erpressung zurück, um zu bekommen, was sie wollen und diese negativen Gefühle zu beseitigen.

Wir können emotionale Erpresser in vier Kategorien einteilen:

1. **Bestrafer**, die damit drohen, Sie körperlich oder finanziell zu bestrafen oder die Beziehung zu Ihnen zu beenden, wenn Sie nicht tun, was sie wollen

2. **Selbstbestrafer**, die drohen, sich selbst Schaden zuzufügen, wenn Sie sich ihren Wünschen nicht fügen

3. **Leidende**, die Ihnen die Schuld für ihren niedergeschlagenen emotionalen Zustand geben und von Ihnen erwarten, dass Sie tun, was sie wollen, damit sie sich besser fühlen

4. **Verführer**, die Sie mit der falschen Aussicht locken, Ihnen etwas Besseres zu bieten, wenn Sie sich Ihren Wünschen anpassen

Welche Taktik auch immer die Erpresser anwenden: Wenn Sie sich für Dinge entschuldigen müssen, die Sie nicht getan haben; wenn Sie feststellen, dass Sie die einzige Partei sind, die in einer Beziehung Opfer erbringt; wenn die andere Person darauf besteht, nur ihren Willen durchzusetzen; oder wenn Sie sich bedroht fühlen, ihren Forderungen nachzukommen, dann sind Sie das Opfer einer emotionalen Erpressung.

Es braucht jedoch zwei, um zu erpressen. Solange Sie den Forderungen nicht nachgeben, kann keine emotionale Erpressung stattfinden. Es kann sein, dass Sie für Erpresser ein einfaches Ziel sind, wenn Sie ein Bedürfnis haben, andere Menschen zufriedenzustellen, Angst vor der Wut des Erpressers, vor dem Verlassenwerden, vor Konflikten in Beziehungen, extremes Mitgefühl und Empathie, eine Tendenz zum Tragen der Lebenslast auf Ihren eigenen Schultern und ein geringes Selbstwertgefühl haben.

Um diese Dynamik zu ändern und die emotionale Erpressung zu stoppen, müssen Sie zunächst die Warnsignale der emotionalen Erpressung identifizieren, wie sie in diesem Buch beschrieben sind. Als Nächstes sollten Sie sich dazu verpflichten, auf sich selbst aufzupassen. Sie sollten den bewussten Entschluss fassen, diese missbräuchliche Behandlung nicht weiter hinzunehmen.

Respektieren Sie zuerst Ihre Bedürfnisse. Lösen Sie sich von den Emotionen des Erpressers und betrachten Sie die Situation aus einer anderen Perspektive. Lassen Sie sich nicht dazu verleiten, den Forderungen des Erpressers sofort nachzugeben. Machen Sie eine Pause, nehmen Sie sich Zeit, um zu beurteilen, ob Sie den Forderungen nachgeben sollten oder nicht und treffen Sie dann Ihre Entscheidung.

Setzen Sie die in diesem Buch beschriebenen Strategien ein, um Ihre mentale Belastbarkeit zu stärken und entwickeln Sie die

Fähigkeiten der nicht defensiven Kommunikation, um mit dem emotionalen Erpresser zu kommunizieren.

Setzen Sie schließlich Ihre emotionalen Grenzen und drücken Sie klar aus, was Sie akzeptieren werden und was nicht. Auf diese Weise können Sie der emotionalen Erpressung in Ihrem Leben dauerhaft ein Ende setzen.

# VERWEISE

Galinsky, L. (13. November 2018). The Use of Emotional Blackmail in a Relationship. Abgerufen von https://goodmenproject.com/featured-content/remember-that-time-you-wanted-a-relationship-for-all-the-wrong-reasons-wcz/

Doll, K. (19. Juni 2019). 18+ Ways to Handle Emotional Blackmail (+ Examples & Quotes). Abgerufen von https://positivepsychology.com/emotional-blackmail/

Emotional Blackmail. (o. D.). Abgerufen von https://www.merriam-webster.com/dictionary/emotional%20blackmail

Understanding Emotional Blackmail. (14. Januar 2019). Abgerufen von https://claritychi.com/emotional-blackmail/

Hammond, C. (10. Oktober 2017). What is Emotional Blackmail. Abgerufen von https://pro.psychcentral.com/exhausted-woman/2016/08/what-is-emotional-blackmail/

Emotional Blackmail Law and Legal Definition. (o. D.). Abgerufen von https://definitions.uslegal.com/e/emotional-blackmail/

Paler, J. (6. Dezember 2019). The toxic cycle of emotional blackmail and how to stop it. Abgerufen von https://hackspirit.com/emotional-blackmail/

Emotional Blackmail and How it Harms our Kids. (1. August 2018). Abgerufen von https://exploringyourmind.com/emotional-blackmail-and-how-it-harms-our-kids/

Johnson, R. S. (16. August 2018). Emotional Blackmail: Fear, Obligation and Guilt . Abgerufen von https://www.bpdfamily.com/content/emotional-blackmail-fear-obligation-and-guilt-fog

Go your Own Way. (o. D.). *Emotional Blackmail*. Abgerufen von http://www.goyourownway.org/GOYOUROWNWAY/DOCUMENTS/EMOTIONAL%20WELLBEING/EMOTIONAL%20BLACKMAIL.pdf

What Is Emotional Blackmail and 5 Personality Types That Use It. (o. D.). Abgerufen von https://www.learning-mind.com/emotional-blackmail/

Four Types Of Emotional Blackmail Manipulators Use Against You. (o. D.). Abgerufen von https://www.aconsciousrethink.com/9824/emotional-blackmail/

Kreger, R. (o. D.). Fear, Obligation, and Guilt (FOG) in High Conflict Relationships. Abgerufen von https://www.bpdcentral.com/blog/?Fear-Obligation-and-Guilt-FOG-in-High-Conflict-Relationships-36

abcClub. (15. August 2018). Emotional Blackmail_ Feeling like in FOG (fear, obligation, guilt). Abgerufen von https://www.youtube.com/watch?v=jPXUQnTSyeU

Mayo Clinic Staff. (o. D.). Borderline personality disorder. Abgerufen von https://www.mayoclinic.org/diseases-conditions/borderline-personality-disorder/symptoms-causes/syc-20370237

Freedom from the FOG of Emotional Manipulation. (23. März 2014). Abgerufen von https://www.borderline-personality-disorder.com/borderline-personality-disorder-research/freedom-from-the-fog-of-emotional-manipulation/

Lancer, D. (2. Juli 2019). Covert Tactics Manipulators Use to Control and Confuse You. Abgerufen von https://www.psychologytoday.com/us/blog/toxic-relationships/201907/covert-tactics-manipulators-use-control-and-confuse-you

Four Signs of Emotional Blackmail. (o. D.). Abgerufen von https://www.powerofpositivity.com/4-signs-of-emotional-blackmail/

Lancer, Darlene. (o. D.). COMBAT NARCISSISTS' AND ABUSERS' PRIMARY WEAPON: PROJECTION. Abgerufen von https://www.whatiscodependency.com/narcissist-abuse-empaths-projection/

Murrah, J. D. (o. D.). Breaking the Cycle of Emotional Blackmail. Abgerufen von https://www.streetdirectory.com/travel_guide/7367/parenting/breaking_the_cycle_of_emotional_blackmail.html

Harley, M. (24. Juli 2017). What makes a parent toxic? Abgerufen von https://lifelabs.psychologies.co.uk/users/3881-maxine-harley/posts/18860-what-makes-a-parent-toxic

Avila, T. (2. November 2018). How to Cope with Toxic Parents Whom you Can't Avoid. Abgerufen von https://www.girlboss.com/wellness/toxic-parents

Lancer, D. (31. August 2018). 12 Clues a Relationship with a Parent is Toxic. Abgerufen von https://www.psychologytoday.com/intl/blog/toxic-relationships/201808/12-clues-relationship-parent-is-toxic

Fellizar, K. (23. Januar 2019). 7 Seemingly Innocent Things That Can Actually Be Emotional Blackmail In A Relationship. Abgerufen von https://www.bustle.com/p/7-seemingly-innocent-things-that-can-actually-be-emotional-blackmail-in-a-relationship-15866011

Centore, A. (16. November 2012). 6 Warning Signs of Emotional Blackmail: Couples Counseling Tips. Abgerufen von https://thriveworks.com/blog/6-warning-signs-of-emotional-blackmail-couples-counseling-tips/

Griffin, T. (4. Dezember 2019). How to Deal with Emotional Blackmail. Abgerufen von https://www.wikihow.com/Deal-with-Emotional-Blackmail

Steber, C. (18. April 2018). 11 Signs You Are Experiencing Trauma After A Toxic Relationship. Abgerufen von https://www.bustle.com/p/11-signs-you-are-experiencing-trauma-after-a-toxic-relationship-8759486

Dodd, G. (o. D.). How To Maintain Your Grace After A Bad Breakup. Abgerufen von https://www.bolde.com/how-maintain-grace-after-bad-breakup/

Meurrisse, T. (o. D.). 5 Differences Between Real Love And Attachment. Abgerufen von https://www.lifehack.org/317383/5-differences-between-real-love-and-attachment

Vaknin, S. (o. D.). Codependence and the Dependent Personality Disorder. Abgerufen von https://www.healthyplace.com/personality-disorders/malignant-self-love/codependence-and-the-dependent-personality-disorder

Psychological Manipulation in Treating Codependency. (o. D.). Abgerufen von https://emotional-intelligence-training.weebly.com/psychological-manipulation-in-treating-codependency.html

Hunter, D. (12. März 2019). How Codependency Affects Recovery. Abgerufen von https://www.rehabcenter.net/how-co-dependency-affects-recovery/

Blackmoor, L. (16. Dezember 2016). 8 Signs You May Have a Codependent Parent. Abgerufen von https://wehavekids.com/family-relationships/8-Signs-You-May-Have-a-Codependent-Parent

Dodgson, L. (13. Februar 2018). 8 warning signs you're in a damaging codependent relationship, according to experts. Abgerufen von https://www.businessinsider.in/strategy/8-warning-signs-youre-in-a-damaging-codependent-relationship-according-to-experts/articleshow/62904771.cms

Jewell, T. (11. Januar 2018). Sociopath: Definition, vs. Psychopath, Test, Traits. Abgerufen von https://www.healthline.com/health/mental-health/sociopath

Lindeberg, S. (9. Januar 2019). Psychopath: Meaning, Signs, and vs Sociopath. Abgerufen von https://www.healthline.com/health/psychopath

Smith, M. (6. Dezember 2019). Narcissistic Personality Disorder. Abgerufen von https://www.helpguide.org/articles/mental-disorders/narcissistic-personality-disorder.htm

Happe, M. (o. D.). The Relationship between Narcissism and Codependency. Abgerufen von https://www.mentalhelp.net/blogs/the-relationship-between-narcissism-and-codependency/

Ramirez, J. (o. D.). A Guide To Avoiding and Dealing With Emotional Blackmail. Abgerufen von https://www.ba-bamail.com/content.aspx?emailid=19234

Sattin, N. (7. September 2016). Defeating Emotional Blackmail and Manipulation with Susan Forward. Abgerufen von https://www.neilsattin.com/blog/2016/09/55-defeating-emotional-blackmail-and-manipulation-with-susan-forward/

Perper, R. (29. Januar 2014). Non-Defensive Communication In 3 Easy Steps. Abgerufen von https://therapychanges.com/blog/2014/01/non-defensive-communication-3-easy-steps/

Israel, L. (7. September 2011). Powerful Non-Defensive Communication: A New Way to Communicate. Abgerufen von https://www.marital-mediation.com/2011/09/powerful-non-defensive-communication-a-new-way-to-communicate/

Camins, S. (o. D.). Setting Emotional Boundaries in Relationships. Abgerufen von https://roadtogrowthcounseling.com/importance-boundaries-relationships/

Han, L. (o. D.). How to Stand Up for Yourself Without Sounding Defensive. Abgerufen von https://bemycareercoach.com/soft-skills/stand-up-for-yourself.html

Ribeiro, M. (5. Dezember 2019). How to Become Mentally Strong: 14 Strategies for Building Resilience. Abgerufen von https://positivepsychology.com/mentally-strong/

# BONUSHEFT

Als Beilage zu diesem Buch erhalten Sie ein kostenloses E-Book zum Thema „Hypnose".

In diesem Bonusheft „Hypnose Schnellstart-Anleitung" erhalten Sie eine Einführung in die Welt der Konversationshypnose. Mit diesen Techniken können Sie andere Menschen während eines normalen Alltagsgespräches unbemerkt hypnotisieren.

Sie können das Bonusheft folgendermaßen erhalten:

Öffnen Sie ein Browserfenster auf Ihrem Computer oder Smartphone und geben Sie Folgendes ein:

**emorygreen.com/bonusheft**

Sie werden dann automatisch auf die Download-Seite geleitet.

Bitte beachten Sie, dass dieses Bonusheft nur für eine begrenzte Zeit zum Download verfügbar ist.

www.ingramcontent.com/pod-product-compliance
Lightning Source LLC
Chambersburg PA
CBHW071347080526
44587CB00017B/3004